頭の回転が速い人の思考法

この本の タイトルを 考えてください

[監修] 大喜利プレイヤー 俺スナ

SOGO HOREI PUBLISHING CO., LTD

問題

職場にて、エレベーターの中で
顔見知りの人と二人きり……
気まずくならない方法を
教えてください

答え

わざと大音量で
YouTubeを流し、
「すいません」と謝り、
話すきっかけをつくる

仲が良いとはいえない人と一緒にエレベーターに乗ることが苦手という方は多いと思います。

「おはようございます」と挨拶を終えた後の沈黙。

なにか話さなければ……。

天気の話はありきたりすぎるか？

テレビで放送されていた時事問題を切り出すか？

いや、相手は興味ないかもしれない。

相手から話題を提供してくれれば楽なのに……。

このようなことを知っているからこそ、なにか偶然を装って、自然と話すきっかけをつくるのはどうだろうか、と導き出したのが右記の答えです。

この一連の考え方は**大喜利と同じ手順**を踏んでいます。

大喜利は芸人さんやセンスがある人のものだと思い込んでいる方は、大喜利の

「本質」が見えていないといえます。

「職場の顔見知りの人と二人でエレベーター」というお題を見る

⇐

「空気を変える方法」や「違和感がないきっかけ」などの視点をもつ

⇐

「話すきっかけをつくる」で考えを深めていく

⇐

「動画」よりも「YouTube」の方が具体的だと判断し、言葉を選択

この流れには、大きく分けて三つの段階があります。

①一つのお題（物事）をさまざまな視点でとらえる

②「思考の階段」を踏み、視点からアイデアを生む

③ そのアイデアを自分の納得できる言葉で表現する

皆さんがテレビなどで見る大喜利は、頭の中でこの作業をひたすら繰り返し、そこに「面白い」を乗せて提示しているのです。

もちろん、この仕組みの枠を超えた面白い大喜利はあります。それはその人のキャラクター、言い方やリズム、その瞬間の間《ま》や表情などによるものです。

ただ、本書はこれらの簡単には手に入れることができない面白い大喜利ではなく、読んで**日々の生活に活かせる大喜利**を学ぶ書籍です。

大喜利の考え方を理解することで、日常生活やビジネスの場において、物事をさまざまな視点で見たり、新しいアイデアを生み出したり、頭の中のアイデアを他者に伝えるための言葉を選んだりすることの役に立ちます。

大喜利には**「今」を生きやすくする力が凝縮**されています。

面白くなりたいわけではなく、
今よりも生きやすくなりたい人のための本
見て↓考え↓形にする
正解がない時代に自分の答えをもつ
「今」のあなたからはみ出すための大喜利

この本のタイトルを考えてください

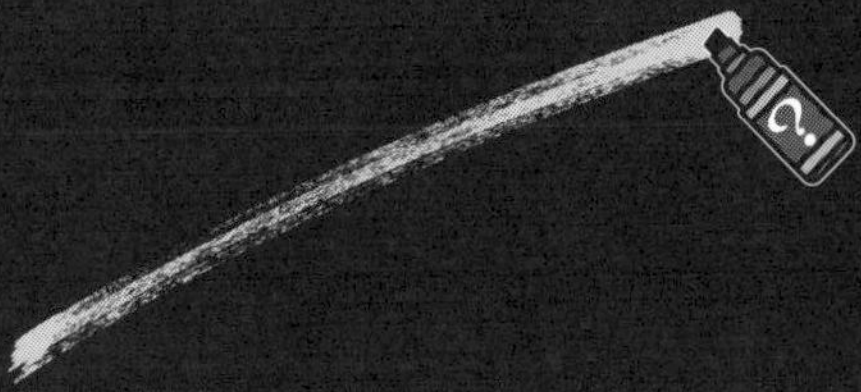

はじめに

数ある書籍の中から、本書を手に取っていただき、ありがとうございます。

社会人として働きつつ、大喜利ライブの主催・出演をしている俺スナと申します。「大喜る人たち」（チャンネル登録者数約20万人　２０２4年5月現在）をはじめ、テレビなどの各メディアに出演しています。

今でこそ日常的に人前に立っていますが、もともとは人見知りが激しく、コミュニケーションを取ることが苦手でした。小学校・中学校のときは登校拒否をしがちで、大学では講義以外の時間は家に引きこもる毎日……。この頃は、人となにを話すのが正解かわからず、怖れから他人を遠ざけていました。

そんな私が変わったきっかけが、「大喜利」です。

芸人さんのラジオ番組にネタが採用されたことに喜びを感じ、それ以来、私の生活の中心は大喜利に。


大喜利の答えが浮かぶようにするために、試行錯誤の日々。

情報を得るためにニュースやＳＮＳのトレンド、街中の広告のキャッチフレーズにも敏感に目を向けました。

それまでは他人を避けていましたが、感性が異なる人にも関心をもつようになり、いつしか人見知りを克服し、交流する人の範囲も大幅に広がっていました。


意外だったのは、大喜利を通して得た技術が人間関係やビジネス、日常生活に役立ったことです。

蓄積した情報は、「なにを話そうか？」と迷う初対面の人との会話をはじめる際の手助けとなり、適切な話題を出すことが容易になりました。

また、わかりやすく物事を説明することやSNSでバズる文章作成などにも活かせました。

そして、クスクスと笑える冗談も言えるように……。


つまり、大喜利の考え方を知れば「今」をラクに生きる力が身につくのです。

しかも、大喜利はもともとのセンスは関係なく、仕組みを理解すれば上達することに繋《つな》がると私は考えています。


そこで本書では、大喜利のプロセスを紐解《ひもと》きつつ、人間関係・ビジネス・日常生活で活用する方法を解説します。

まずは、「大喜利とはなにか」ということを説明し、第1章「視点編」ではお題の見方、第2章「思考編」では回答の考え方、第3章「言語化編」では回答の表現方法について伝えていきます。

最近は大喜利ブームで、多くの人が草野球をするような感覚で、趣味として大喜利を楽しんでいますし、誰でも参加できる大喜利ライブも日々開催されており、匿名で回答できる大喜利サイトも多数あります。

この本を読み終えたら、ぜひ気軽に大喜利に挑戦していただけるとうれしい限りです。

そして、この本のタイトルを考えてください。

今はなにも思いつかなくても、きっと自分だけの答えをもてるようになっているはずです。

それでは、はじめましょう。

俺スナ

第1章

視野が広がれば、見える世界が変わる［視点編］

「視野が狭い」は武器になる

第2章

見える世界が変われば、「今」の意識が変わる［思考編］

掘れば見つかる「考え」の方程式

第3章

「今」の意識が変われば、未来が変わる［言語化編］

知識が気持ちいいに変化する「言葉」

第4章

もう悩まない、経験があなたを変えた［実践編］

何気ない日常を大喜利で彩る

第5章

「はみ出す技術」であなただけの答えをもつ［問題編］

見て↓考えて↓形にした

ブックライティング：福永太郎
イラスト：吉田はるか
編集協力：バスターフォシノ
ぺろこ
大喜利で人生豊かにしません課
企画・編集：大北きょう
ブックデザイン：木村勉
本文DTP：横内俊彦
校正：菅波さえ子

お題

大喜利を知らない人に、
大喜利を説明してください

回答

大喜利の流れを知る

「大喜利」について、まず知っておいて欲しいこと。

テレビなどで芸人さんが、大喜利をしているのを見たことがある人も多いと思います。

はじめに、お題（問題）が出され、出演者がフリップに回答（答え）を書き、提示し、番組を回すMCがツッコミを行い、また別の出演者が回答していく。

大喜利にはそれだけではなく、静止画を見て回答する「写真で一言」や動画にアテレコをする回答などさまざまなスタイルがあります。

どのような大喜利であれ、**アイデアが回答として形になっています**。

「脳内を見せるような……」や「チャレンジ的に発表する感じで……」などの曖

味な回答はしていません。

つまり、**大喜利とは、自分で考え、アイデアを生み出し、伝わるように形にするもの**なのです。

それでは、今回のお題から回答までの道筋を見てみましょう。

見る
「大喜利を説明してください」のお題を見る

⇐

視点
「自分の考えを見せる」という視点をもつ

⇐

思考
「自分の脳内を他者に見せる試み」の視点を考えて深める

⇐

言語化
「試す」よりも「チャレンジ」の方が伝わると思い言葉を選択

まずはお題をちゃんと見て、**情報を探すことがスタートライン**です。

本書では、視点のもち方を第1章で、さまざまな視点を深め、アイデアにする方法を第2章で、そのアイデアを形にするための言語化する方法を第3章で詳しく解説していきます。

ここでは、大喜利の入口となる「情報を探すこと」に焦点を当てます。

今回の「大喜利を知らない人に、大喜利を説明してください」というお題で最初にすることは、大喜利の**一般的なイメージや流れなどを探す**ことです。

このときはまだ、回答のことは意識せず、ただの情報やイメージを挙げていくだけで問題ありません。

大喜利とは？

● 芸人さんがよくやっている

- お題に回答する
- ホワイトボードやフリップを使う
- 文章だけでなく、絵で回答する人もいる
- 「こんな○○はいやだ」というお題がある
- 暗い人がやっていそう

これらは、お題と向き合うことで出てきた単純な情報やイメージです。

もちろん、世代によって若干の情報量や表現の違いは出てきます。

この**単純な情報やイメージを出す段階があることを知る**のは、とても大切です。

続いては、このことを理解したうえで、どのように「お題」と向き合えばよいのかを解説します。

お題

こんな大喜利はいやだ
どんな大喜利？

回答

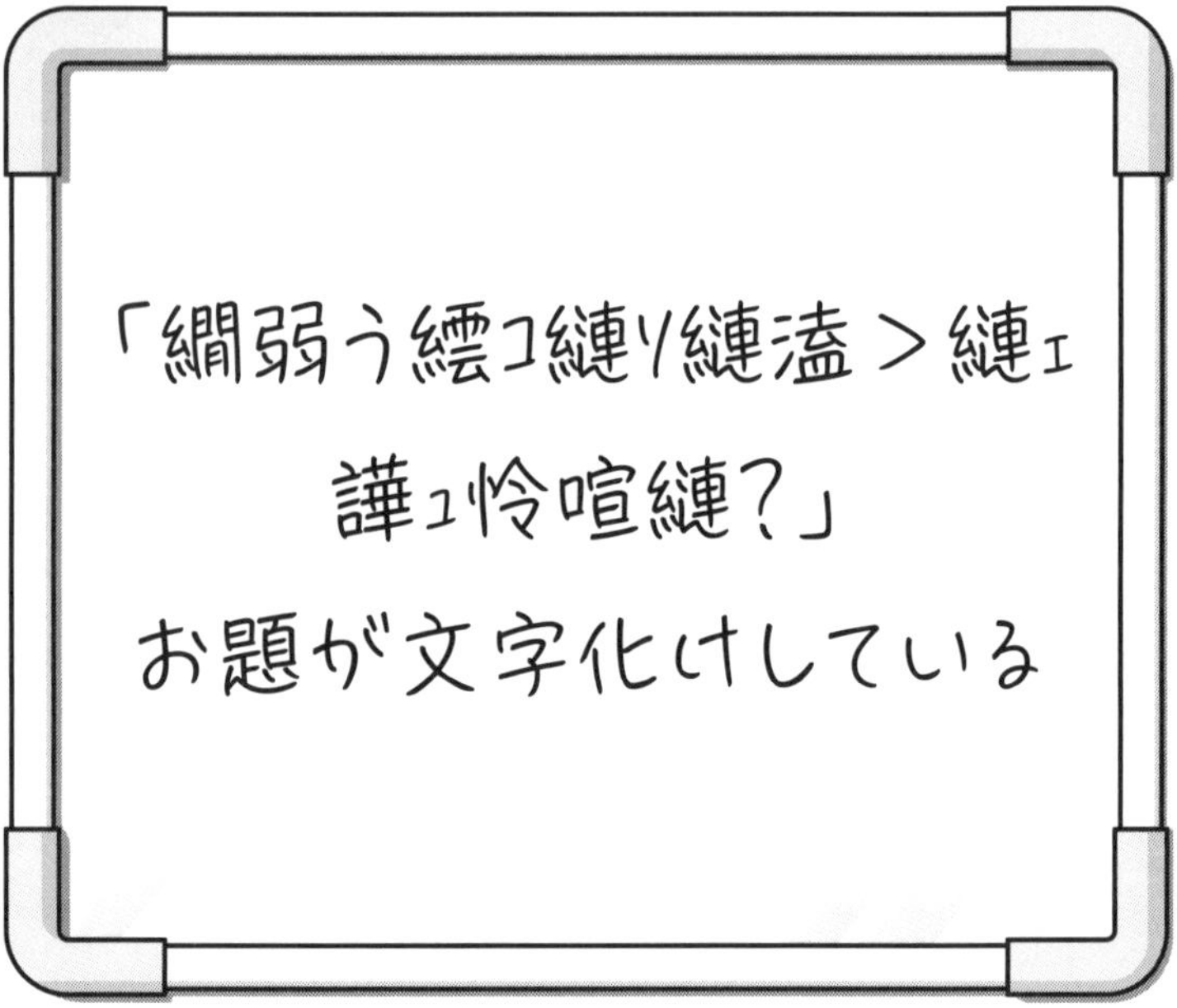

「繝弱う繧ｺ繝ｻ繝溘＞繝ｪ
譁ｭ怜喧繝?」
お題が文字化けしている

お題をちゃんと「見る」

大喜利で一番重要なことは「お題」です。

当たり前ですが、お題がなければ回答はできません。

「なにかある？」

と街中で知らない人にいきなり漠然と質問されて、スラスラと返答できる人はいないでしょう。

しかし、**状況や関係性**があればこの「なにかある？」という言葉は意味をもちます。

仕事中に一緒にプロジェクトを進めているメンバーにこの質問をされたとしたら、「プロジェクトに関してなにか聞きたいことや手伝えることある？」と解釈できます。

他の例でいうと、家で一緒に遊んでいる友人のうちの一人がコンビニに行くことになり、この質問をされたなら、「なにか買ってくるものある？」だと理解できます。

これは、**会話には言葉として表れていない「お題」が隠れている**ことを意味します。

第三者にはわからなくても、当事者にはわかる**透明なお題**です。

日常にはあらゆるところにお題があり、**無意識のうちに大喜利に回答している**のです。

「なにか面白い話してよ」

私はとても苦手なフレーズですが、この場合のお題は「面白い話」という制限があります。面白いという枠組みは曖昧ですが、ここでは真面目な話や単純な情報は求められていません。

「今からつくるけど、なにか食べたいものある？」

「なんでもいいよ」

世の中の奥様が一番イラっとくる言葉「なんでもいい」は「今から簡単につくれる料理でなにが食べたい？」というお題の制限に対して、回答ができていないことになります。

つまり、**「お題」に制限が設けられていることにより、回答の方向性が決まる**のです。お題を**「見る」とは、制限がなにかを考える**ともいえます。

お題を見て、そのお題の情報やイメージを出しながら、回答の方向性を理解することが大喜利の入口です。

大喜利はアイデアを形にするようなクリエイティブな作業だけではなく、**日常**

にも活かせる考え方で溢《あふ》れているのです。

この考え方がわかれば、相手の会話（お題）でなにを求められているのか、また、相手になにを答えて（回答）欲しいから、どのような質問（お題）をすればいいのかがわかります。

チェックポイント

- ☑ 大喜利にはちゃんと考え方が存在している
- ☑ 大喜利は「お題」を見ることで、回答の方向性が決まる
- ☑ 日常会話にも、見えない透明なお題がある
- ☑ 大喜利の考え方がわかれば、会話力も向上する

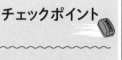

お題

この人、視野が狭いな
なぜそう思った？

回答

パソコンをソリティアと
マインスイーパができる
道具としか思っていない

「視野が狭い」は武器になる

口を開けば、「視野を広くもて」と繰り返すビジネスパーソンを頻繁に見かけます。

では、そもそも視野が広いとは一体どのような状態なのでしょうか？

「さまざまな角度から物事を見られること」や「他者の価値観や文化を尊重できること」などが挙げられます。

それでは、その対にある視野が狭いとはどのようなことでしょうか？

「一つの出来事しか見られないこと」や「新しい価値観に否定的なこと」や「柔軟性がないこと」などになります。

ここで頭に入れておいて欲しいことがあります。

それは「**視野が狭いことは武器になる**」ということです。

もちろん、視野が広ければ、視点の数が増えるのでさまざまなアイデアが生まれやすくなります。

しかしマイナスな言い方をすれば、**視野が散っている**とも言い換えられます。

視野が狭いと、物事の見方が一方向に限られるかもしれません。

ただそれは、一つの物事を集中して見ることができる状態ともいえます。考える前の視点が少ないため、答えに向かって走り出しやすくなります。

選択肢が限られている分、**視野が狭い人は、回答するまでに視点を選ぶ作業を行わなくてよいという利点**があるのです。

今回のお題でいえば、こうなります。

見る
「視野が狭い」を見る（単純な人や仕事ができない人などをイメージ）
⇐
視点
「仕事ができない人にとってのパソコン」という視点だけをもつ
⇐
思考
視点を深めて、「パソコンの仕事以外の使い方」を考える
⇐
言語化
パソコンのゲームでも同じ意味だが具体的な表現を選択

なによりもまずは、**回答を形で表すことが大切**です。

誰かのアイデアが形になったのを見て、「自分も同じこと思ってた！」と呑気なセリフを吐く人にならないようにしたいものです。

頭の中で「思う」ことと実際に形にするために「行う」ことは全く違います。

視点を増やしていく方法はこれから身につけることができますので、まずは一つの視点でも**形にしていくことを意識**しましょう。

ただ、もしも視野が狭い以前に一つの視点ももち合わせていない場合はどうすればよいのでしょうか。

実はその疑問はすでに解決しています。

お題を見て、情報やイメージを挙げることができた時点で、一つの視点を手に入れているのです。

情報を発見して、少し磨けばそれは視点へと早変わりします。

一般的に、「視点は四角で考える」や「視点は面をとらえること」といわれることがありますが、「**視点は四角や面ではなく球《きゅう》である**」ということと「**情報から視点へと結びつける方法**」をこの章では説明します。

お題

ファミレスで彼氏にゲンナリ
なにをした？

回答

ドリンクバーで
いろんな種類を混ぜて
はしゃいでいる

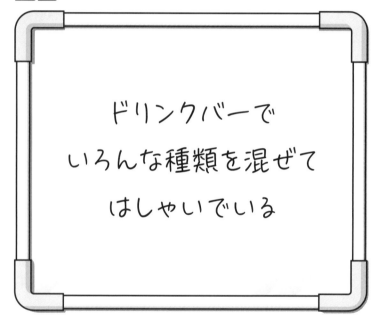

視点1

まっすぐ見る

ベタを探すところからはじまる

お笑いでよく聞く「ベタ」という言葉。

今はベタとされているものであっても、はじめて目にしたり、聞いたりした人にとって、それはとても真新しい「お笑いネタ」だったはずです。それがあまりにも面白く、誰もがマネしやすいものであり、広がったがゆえの結果、「ベタ」といわれるようになったのだと思います。

新しいものが人気を博《はく》し、ふつうへと変化していったものが「ベタ」と私は考えています。

恋愛マンガでいえば、「冴えない女の子が眼鏡を外したら超絶美人だった」、ミステリー映画でいえば、「主人公と一緒に行動して信頼していた人が実は黒幕だった」、男子高校生でいえば「期末テスト当日に、『俺全然勉強してねーや』と言っている人ほど実は勉強している」など。

もっといえば、今やほとんどの人がもっているスマホもベタです。オムライスなんてベタ卵料理ですし、きりたんぽは秋田のベタ郷土料理です。

つまり、お題の**情報やイメージからベタを探すことが「まっすぐ見る」**になります。

そして、**ベタは「あるある」でもあり、「共感」**でもあります。

さらに、まっすぐ見るということはそれを**ひっくり返し、逆転して見ること**もできます。

たとえば、ベタ黒い飲み物はコーヒーですし、臭いものに群がるベタ集団はハエですし、失ってはじめて気づく大切なアツいベタは愛です。

基本の軸はこの「まっすぐ見る」です。「ずらす」や「斜め上を見る」という表現をよく聞きますが、まず重要なのはずらしたり、斜めに動かしたりするための基礎となる視点です。**知っているからずらせる**のです。
今回の大喜利では次のように考えています。

見る
「彼氏にゲンナリ」を見る（子どもっぽい行動や横柄な態度をイメージ）
⇐
視点
「ドリンクバーで飲み物を混ぜる」というベタな視点をもつ
⇐
思考
ドリンクバーで混ぜた場合の情景を深めて考える
⇐
言語化
「喜ぶ」でも同じ意味だが「はしゃぐ」の方が伝わると思い言葉を選択

まっすぐ見ると同じ要領の視点を他のお題で見てみましょう。

お題

ダメ人間カルタの「ふ」を教えてください

回答

服を買いに行くための服がない

ひとくち解説

【あるある】（ダメな人のイメージを探す）

行動範囲が家限定のダメな人。ファッションへの関心の低さが仇《あだ》となり、外へ出る自由を奪われるとは！

お題

デリカシーゼロおじさんカルタの「か」を教えてください

回答

髪を切っただけで「失恋したの？」と聞いてくる

ひとくち解説

【あるある】（気遣いができないおじさんのイメージを探す）

THE嫌われおじさん。ただ髪を切っただけですがなにか？　それに失恋に関してホウレンソウ（報告・連絡・相談）の義務はない！

お題

ダイエット初日カルタの「と」を教えてください

回答

とにかくカロリー0を選べばいいと思っている

ひとくち解説

【共感】（みんなが理解できるダイエットでの気持ち）

ダイエット初心者にありがちな行動。適度な運動も大切だよ？

お題 評判が悪い歯医者　その理由とは？

回答 「痛くなかったら手を上げてください」と言われる

ひとくち解説

【逆から見る】（歯医者のあるあるを逆にする）

ふつうは痛かったら手を上げる。痛くなければずっと上げ続けるのか……。これは痛いのが当たり前の困った歯医者さんだ！

お題

「こんな家に住んでいるやつはこんなだ」

回答

家にインテリアとして
流木を飾っている人は
十六穀米しか食べない

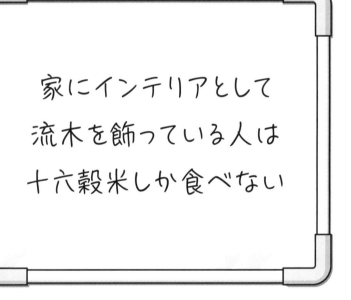

視点2
見つめて整理する
仕分け作業がすべてのキホン

「まっすぐに見る（ベタを探す）」の次の段階は、お題の情報に対する**常識や偏見に向き合う**ことです。

ベタと常識と偏見は少し似ています。

居酒屋を例にすると、「お酒を頼む際の、とりあえずビールで」はベタですが、「上司と乾杯するときはグラスを少し下げて乾杯しないといけない」はビジネスの世界の常識であり、「私中身おっさんだから～と下ネタを言いながらガハハと日本酒をすする女性はもれなく小太り」は偏見です。

つまり、共感を呼ぶものがベタであり、マナーのようなものは常識で、良くも悪くも、自分というフィルターを通しているものが偏見です。

これを言い換えると、**ベタや常識などの一般的なことは「知っている」ことであり、偏見は「思う」こと**です。この自分の「思う」を生み出すことが大切になります。

偏見の視点を生み出すコツは、**当たり前だと思われている常識やベタを強く疑うこと**です。

たとえば、セルフレジの存在は当たり前になりつつあります。セルフレジを強く疑い、「本来店員さんが行うレジ打ちを自分がするのは労働であるので、その分、商品を値引きすべきだ！」と思えば、これは偏見と呼べます。

「値引きすべき」という偏見は、漠然とセルフレジで会計をしていたならば見つけられなかった視点です。

偏見の視点をもつことは、「ない視点」を生み出す力ともいえます。

今ある「知っている」を見て、自分で「思う」ことで「ない」視点を手に入れられるのです。

ここでいきなりですが、問題です。

次の文章は、一般論か偏見、どちらでしょうか？

「お金よりも愛が大切、と言う人は本当の貧乏を知らない」

多くの人は偏見と判断すると思いますが、不正解です。

正解は、一般論と偏見の組み合わせです。

「お金よりも愛が大切」は世間でよく聞く言葉ですが、「本当の貧乏を知らない」はあくまで個人の感想でしかありません。

「終電間際に、駅前で別れを惜しんで人目をはばからず抱き合っているカップルはすぐに別れる」

この文章はどうでしょうか？

改札の前でいちゃつくカップルを見たことがある人にとって、「駅前で別れを惜しんで人目をはばからず抱き合っているカップル」は共感を呼ぶベタです。そのカップルが別れるというのは個人の偏見でしかありません。

重要なのは、**「世間が感じている」と「自分が思っている」の二つを組み合わせること**です。

今回のお題で見てみましょう。

見る
「こんな家」を見る（TVがないと発言するこだわりが強い人などをイメージ）
⇓
視点
「流木を飾るというあるある」の視点に自分の偏見を組み合わせる
⇓
思考
オーガニックにこだわるという視点を深めて食べるもので考える

言語化　「玄米」でも同じ意味だが「十六穀米」の方が伝わると思い言葉を選択　⇐

世間の人が理解できる内容と勝手な自分の「思う」を組み合わせることで、「なんかわかる」や「わかりそうだけどわからない」など他者に感想を抱いてもらいやすくなります。

言い換えれば、**「客観的なこと」と「主観的なこと」を組み合わせている**ともいえます。

他にも、「建前」と「本音」や「遠いもの」と「近いもの」、「大きいもの」と「小さいもの」、「絶対」と「相対」など**対になるものと組み合わせる**と第三者に共感してもらいやすくなります。

視点で使える類似の例を大喜利で見てみます。

お題

幽霊にドン引きされている幽霊の特徴とは？

回答

有名人の写真にだけ写ろうとする

ひとくち解説

【疑う】（幽霊のイメージを疑う）

幽霊側にも、どこに写るか「選ぶ権利」はある。明るい幽霊だっている。仲間にドン引きされても、ミーハー心は抑えられない！

お題

警察官が勤務中にラッキーだなと思った瞬間とは？

回答

取り締まった車のナンバーが「777」だった

ひとくち解説

【疑う】（警察官という職業の固いイメージを疑う）
会計が「７７７」だとなんかうれしい。それの警察官版。「２９２９」を見て、ランチを肉にする警察官もいるだろう、きっと。

お題

「この人、学生時代、一軍だったんだろうな」なぜそう思った？

回答

紙パックのレモンティーしか飲まない

ひとくち解説

【偏見】（自分の思うことを入れる）
ミルクティー派は秋口からラルフローレンの紺カーディガンを羽織《はお》る。レモンティー派は自分の全身が映るビルの前で踊っている。

お題 思わず立ち止まってしまった街の詩人が売っていた詩とは?

回答 寒い日も短パンの人は、絶対におかわりをするんだなぁ

ひとくち解説

【組み合わせ】(服装のあるあるに偏見を入れる)
寒い日でも短パンを履く子どもはクラスに一人いるイメージがある。絶対におかわりをするわけではないが、元気なのでおかわりをしそうだ! そもそもこんなことを詩にするな! そして売るなよ!

お題

全員犯罪者のアイドルグループのあるあるを教えてください

回答

握手会でみんなの指紋がなかった……

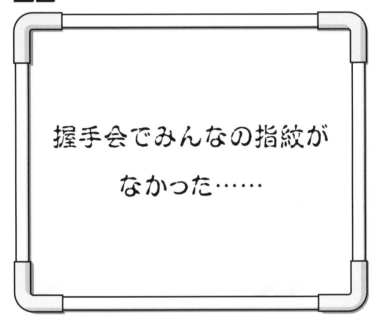

視点3

「知っている」からずらせる
視点からはみ出す

お題を見ることでその中の当たり前に気づけたならば、次は視点のずらし方になります。

ここではまず、「ずらす」と「飛ぶ」の違いを説明します。

「後で追いつくから、ここは俺に任せて先に行け！　俺が負けるわけ……」

主人公を先に行かせて、自分は強敵と対峙《たいじ》するバトル漫画の王道シーン。

この後、この男は確実に負けるフラグです。

これは、バトル漫画が好きではなくとも共感できそうな「あるある」です。

次の文章はどうでしょうか？

「ここはお前に任せた！　後で追いつけるだろう。お前が負けるわけない」

主人公側から強敵を任せられるシーン。具体的なイメージが湧かないかもしれませんが、ありそうでなさそうですし、なさそうでありそうです。

これは「あるなし」または「なしある」とします。

こちらはどうでしょうか？

「頼む。お前じゃなく、そいつを残して、他の人たちは先に行ってくれ」

敵側から残る相手を指定され、しかもそれ以外は先に通してくれるシーン。

もしかすると、超絶漫画好きにはイメージができるかもしれませんが、一般的には想像しづらいため、なさそうでない「なしなし」になります。

つまり、**「ずらす」とは「あるある」の共感度を下げつつも想像の範囲内の「あるなし」のこと**であり、**「飛ぶ」は具体的な想像がしづらい「なしなし」にな**

ることが大きく違います。

視点のずらし方は「あるある」→「あるなし」→「なしなし」の段階を踏むとわかりやすいですが、人によっては「なしなし」の方が思いつきやすい場合もあります。

ここで重要なのは**飛ぶことも一つの視点**ととらえることです。

「履きつぶしたルーズソックスを振り回す鬼ギャル集団のボスが私の母」
「殴り合って最後まで立っていた人が総理大臣になれるヤンキー思考の世界」

これらは「なしなし」で、つまりは嘘です。

先に飛んだ視点があっても、その「なしなし」の**嘘に本当を混ぜ込めば共感を呼ぶ**回答になります。

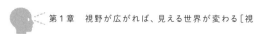

「カツアゲ時にジャンプしろ、とヤンキーに言われてポケットから小銭が落ちて、重力があることに気づくニュートン」

「効率を重視するデイトレーダーは三つのモニターでエッチな動画を見る」

こちらはあるなしです。

「カツアゲされるニュートン」、「たくさんのモニターでエッチな動画を視聴」の嘘をあるあるの本当っぽいことに寄せていった回答です。

自分の得意な方向から「あるなし」にたどり着けばよいと思います。

今回のお題を見てみましょう。

見る
「犯罪者アイドルグループ」を見る（握手会、オタ芸などのイメージ）
⇐

視点
犯罪者のあるあるから視点をずらして指紋がないという視点をもつ
⇐

思考　握手会で握ってはじめて怖さが伝わることを考える
⇓
言語化　「ない」でも同じ意味だが「なかった」の方が伝わると思い言葉を選択

ずらし方がわかれば、**当事者と第三者の視点や神様や映画の観客のように上から俯瞰《ふかん》で見る視点**など次々に派生して、視点が増えていきます。

忘れてはいけないのは、**「なんかこれ意味わからない」と自分で思っても、その視点を「あるある」に引き戻すことで新しいものが生まれる可能性**があるということです。

その他、類似の視点の例を大喜利で見てみましょう。

お題

地下ギャンブルで大勝ち　しかし、その後に起きた不運とは？

回答

お金が重くて腰をやる（当事者視点の回答）

国税がちゃんと動いた（第三者視点の回答）

ひとくち解説

【当事者と第三者】（一つの出来事を二つの視点で見る）

重くてもてない本人の視点と第三者側が取り締まる視点。油断するな！　お金はもって帰るまでがギャンブルだ。

お題

パワフルすぎる空気清浄機が吸い込んでくれるものとは？

回答

工業地帯

ひとくち解説

【神様】（上から俯瞰で見て、全体をとらえる）
パワフルがすぎる！「ごと」吸い込むなんて……。

お題
かわいすぎるブラック企業で起こりそうなこととは？

回答
リス社長から「365連勤お疲れ」とドングリを4つも支給された

ひとくち解説

【なしなし】（メルヘンでかわいいファンタジーの視点をもつ）
ブラックが濃い！　リス社長とドングリのメルヘンが霞《かす》む！

お題

「優しくて金持ちでイケメン」をも台無しにする唯一の欠点とは？

回答

存在しない野球チームをずっと応援している

ひとくち解説

【なしなし】（台無しにするほどの「飛ぶ」視点をもつ）

今すぐ距離を取れ！　存在しないものにのめり込む人は怖い。どう応援しているのかも気になる……。真っ暗なテレビ画面越しに、自作のチームTシャツとメガホンをもって応援しているのか？　熱心であればあるほど、本当に怖い……。

お題　写真で一言

お題　写真で一言

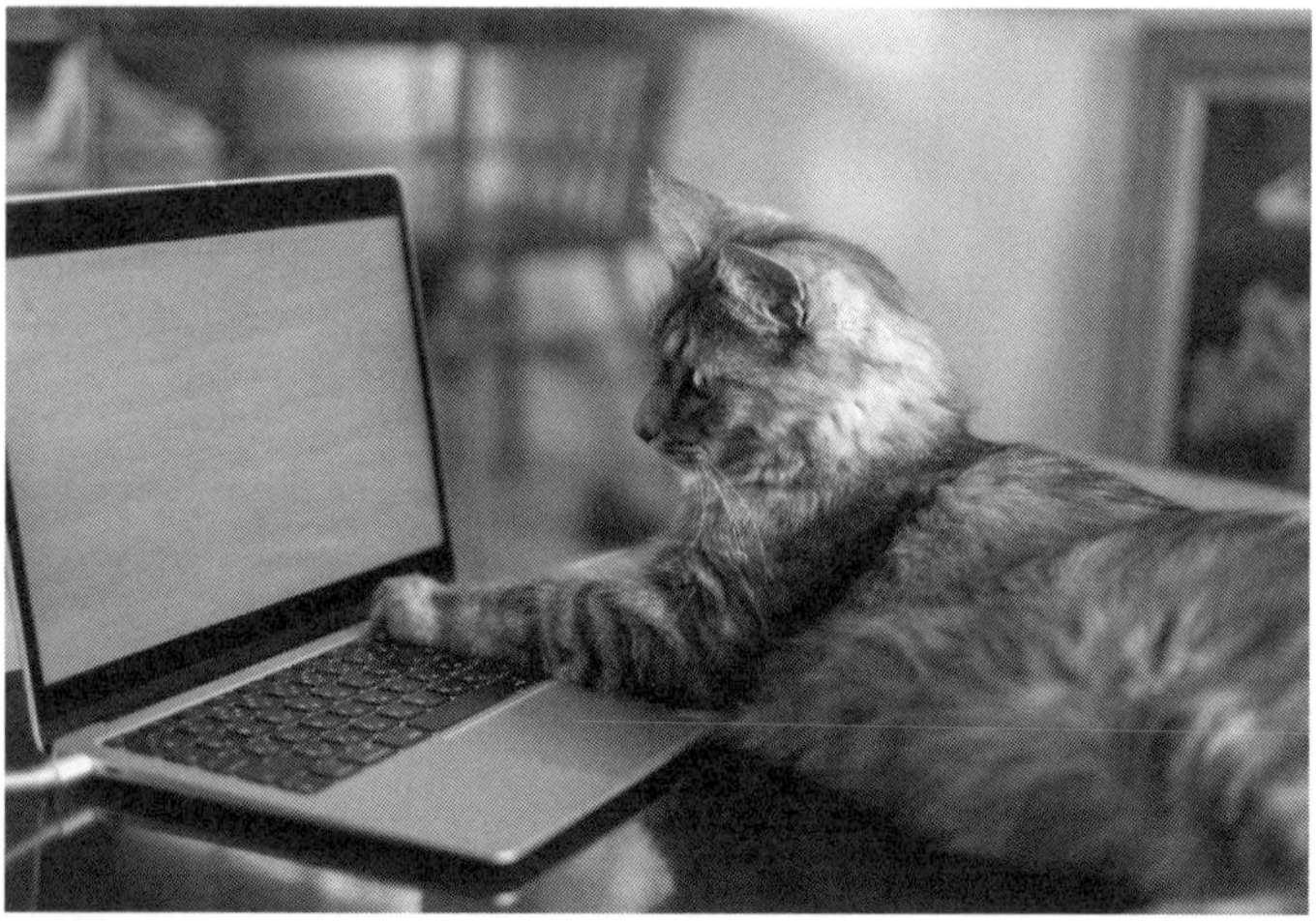

回答

【サザエさん　現在地】
で検索している

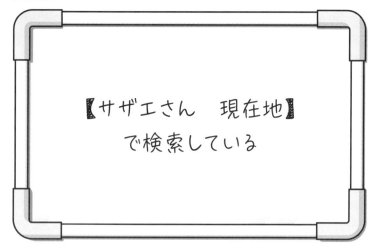

視点4

視点は四角ではなく「球《きゅう》」
視点を転がす

視点を増やすためには、「多角的に見なさい」といわれることがあります。

物事を立方体として考えた場合、自分が見ている真正面、真逆で見る裏面、真上の面などそれぞれを見ることが多角的な視点ということです。

しかし、私は物事というのは曖昧で境界線がないため、多角的というよりは「球体」をイメージしてとらえた方がわかりやすいと感じています。

一つひとつの面を見ようとするのではなく、**一つの視点を転がして見えないところを把握すること**が、視野を広げるコツだと思います。

大喜利の「写真で一言」は、さまざまな視点を与えてくれるきっかけになります。しかし、写真で絵が提示されているため、誰も共感できない「なしなし」の視点では伝わりづらいといえます。

今までの視点で有効なのは、次のようになります。

「水が入ったペットボトルの画像を見て、苦手を克服しようと鍛えている」

見た情報をあるあるに乗せる視点。

「n・y・aのキーボードだけ傷だらけになっている」

見た情報から共感を呼ぶ視点。

「や、やめてくれ、そこを長押しされると電源が……」

ネコからではなくパソコン側からの逆から見た視点。

「ご主人様のSNS【交換希望　譲↓ネコ　求↓犬】ニャンだと！」

ペットを大切にするあるあるを疑った（グッズ交換のように扱う）視点。

「かわいすぎる、というクレームを処理している」

みんなが思っていることと第三者から見た視点。

「僕がこたつで丸くなるって、なんかそーゆうデータとかあるんですか？」

当事者が話している（ねこゆき）視点。

このように今までに出てきた視点でも回答はできます。

そして今回は、見えていない箇所に焦点を当てている視点です。

見る

⇐「ネコとパソコン」を見る（有名なアニメの歌詞をイメージ）

視点
見えている視点を転がして「アニメの中のどらネコ」の視点をもつ
⇐
思考
どらネコの視点を深め、「サザエさんから逃げる」を考える
⇐
言語化
「GPS」でも同じ意味だが「現在地」の方が伝わると思い言葉を選択

「見えていないを見る」とは、見えていることから繫がりを探し、見えないところに意味を与える視点です。

「見えていないを見る」の具体的な方法としては、その視点に映り込んでいないものに対して、**問いかけ**たり、**シチュエーションを創造**したり、**大げさに妄想**したりして、視野を広げていきます。

それでは、写真を見ながら視点を転がしていきましょう。

お題　写真で一言

お題

回答

すいません、キレイにしたいんで
早く汚してもらっていいですか？

ひとくち解説

【問いかけ】（写真の外への問いかけ）

えっ？　こっちが悪いの!?　本末転倒！　キレイにするために汚すなんて……。

お題　写真で一言

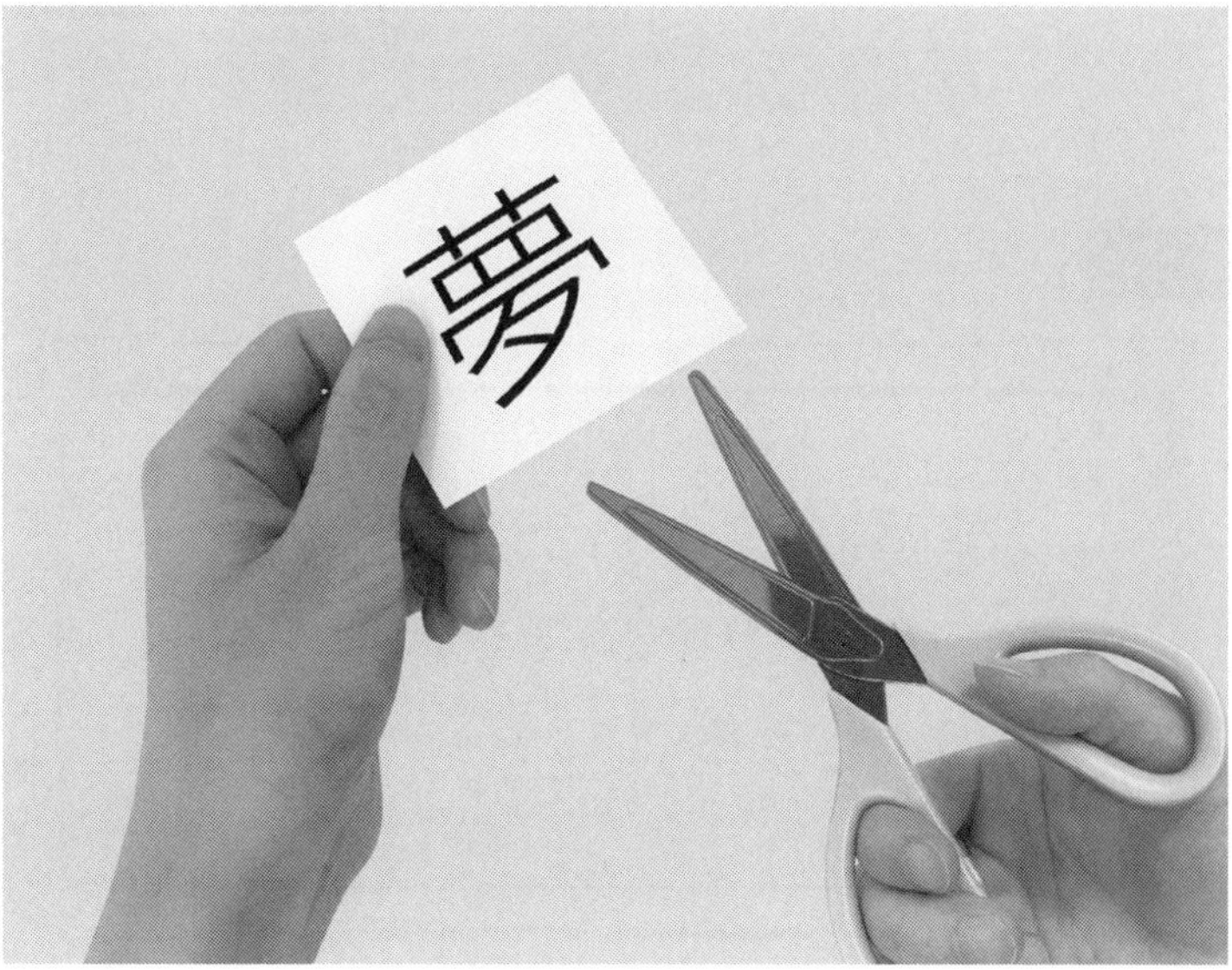

お題

回答

進路相談中なのに先生が
この作業をやめてくれなくて、
ただただ怖い

ひとくち解説

【シチュエーション】（写真に設定を加える）
先生、受診しましょう！　大人になると生きるのつらいね？わかるよ、わかるよ。でもその作業やめて〜。

お題　写真で一言

お題

回答

「いいか？　サッカーの生中継が
終わるまでご主人様の見やすい
角度を保つんだ！」

ひとくち解説

【大げさ妄想】（写真から妄想を展開する）

健気なペットたち……。ご主人様、お願いです。100 均でスマホを支えるスタンドを買ってくれーーー！

お題

評判が悪い病院、なぜ評判が悪い？

回答

視点
5

見失ったときこその当たり前の力

ふつうが「新しい」になる

視点で最後に大切なのは「勇気」です。

いきなり、感情論になったと思われるかもしれませんが、**自分の中でふつうと思って排除していた視点に対して、もう一度目を向けることが重要**です。

しかし、新しいことを生み出したい、誰も行きついていない視点を探したいなど、視点を見つめて煮詰めた結果、最初の立ち位置にはなかなか戻れません。

「新しい」に固執すると、視野が狭くなっていきます。

そういうときこそ、**意識的に勇気をもって、「ふつう」に戻りましょう。**

たとえば次のサンタクロースについての連続した文章を比べてください。

● トナカイの角を利用して、ぞうきんを干すサンタ

- 上空を高く飛びすぎて、ジェット機のエンジンに巻き込まれるサンタ
- Amazon に事業譲渡したサンタ
- 勝手に家に入ってくるおじいさん
- 停めていたトナカイで駐禁を切られるサンタ

この中で異様に映るのはどれでしょうか？

並びで見ると当たり前な、「勝手に家に入ってくるおじいさん」が違う視点のように見えます。これは、**ふつうが「新しい」になった瞬間**といえます。

しかし、ふつうであればなんでもよいわけではありません。たとえば、プレゼントを配るサンタ」、「赤い服を着ているサンタ」ではふつうすぎるのです。

このときの**判断基準としては、自分が客観的に見てどのような言葉を投げかけるか**を考えてみてください。「確かにそうだけど、そこツク？」のような当たり前だけど、まっすぐすぎない箇所に視点を当てることが大切になります。

イメージとしては、**お題を質問ととらえてバカ正直に言う、お題に思ったこと**

をそのまま言う、子どものときに戻ってその感性で言うなどです。

今回のお題ではこのような過程を通っています。

見る
「評判が悪い病院」を見る（医者や受付の対応、変な場所をイメージ）

⇐

視点
病院まで歩く距離が長いのは「ふつう」にいやだという視点をもつ

⇐

思考
家から病院までなのか、駐車場から病院までの距離なのかを考える

⇐

言語化
「距離が長い」よりも「遠い」の方が伝わると思い言葉を選択

見て煮詰まったら、迷わず自信をもって、ふつうに立ち返りましょう。

お題

浦島太郎が語った龍宮城で大変だったこととは？

回答

息ができなかった

ひとくち解説

【バカ正直】（海での当たり前をイメージする）

息継ぎをしながら龍宮城を楽しんだのでしょうか？　そもそも水深があまりないのかもしれません。

お題

なにも食べないで満腹になる方法を教えてください

回答

そーゆう医療

ひとくち解説

【思ったまま】（実現できるとしたらをイメージする）
医療ですから、いずれ叶うかもしれません。

お題

裁判長がまさかの大暴走　下した判決とは？

回答

鼻くそちんちんうんちの刑

ひとくち解説

【子ども】（子どもの好きなフレーズをイメージする）
どんな刑だよ！　想像もつかないよ。子どもが大好き三大ワード（うんち・ちんちん・鼻くそ）の全部のせ。

チェックポイント

- ☑ 視野が狭いことにも実はメリットがある
- ☑ 情報から「ベタ」を探す
- ☑ 「思う」を広げて、偏見へと成長させる
- ☑ 「あるある」をずらす
- ☑ 「球」を意識して、視点を転がす
- ☑ 視点が迷子になったら意図的に「ふつう」に戻る

お題

このバスガイドめちゃくちゃだな
なにがあった？

回答

左手を上げて、
天井の説明をはじめた

掘れば見つかる「考え」の方程式

考える前に知っておいて欲しいこと。

視点をもってお題を見ることができたならば、次はその視点を用いて「考える」を行っていきます。

ここでいう**考えるとは、見つけた視点を掘り進める作業のこと**です。

この掘り進める作業は、**「縦に深く掘る」と「横に広げて掘る」の２種類**に分けることができます。

「縦に深く掘る」とは、陶芸家をイメージするとわかりやすいです。陶芸家は、試行錯誤を繰り返し、自分の孤高の作品をつくり上げていきます。一つのことと深く向き合って、自分の答えを追求しているのです。

「横に広げて掘る」は、プロの投資家をイメージすると、わかりやすいと思います。成功している投資家は、連想力があります。一つの情報からさまざまな企業を結びつけて株価の連動を見ているからです。たとえば、コロナ禍の際に人と人が密になれないことに着目してリモート関連の企業をマークするなど、一つの視点から考えを派生させる連想思考が身についているのです。

つまり、**「縦に深く掘る」は一つのことを掘り下げ追求していく考え方であり、「横に広げて掘る」は一つから繋いで連想していく考え方**といえます。

この章では、「考える」を考えていきます。

考えるには方程式があるので、漠然と考えるのは今日で卒業です。

お題

忍者が働いているコンビニで
ありそうなこととは?

回答

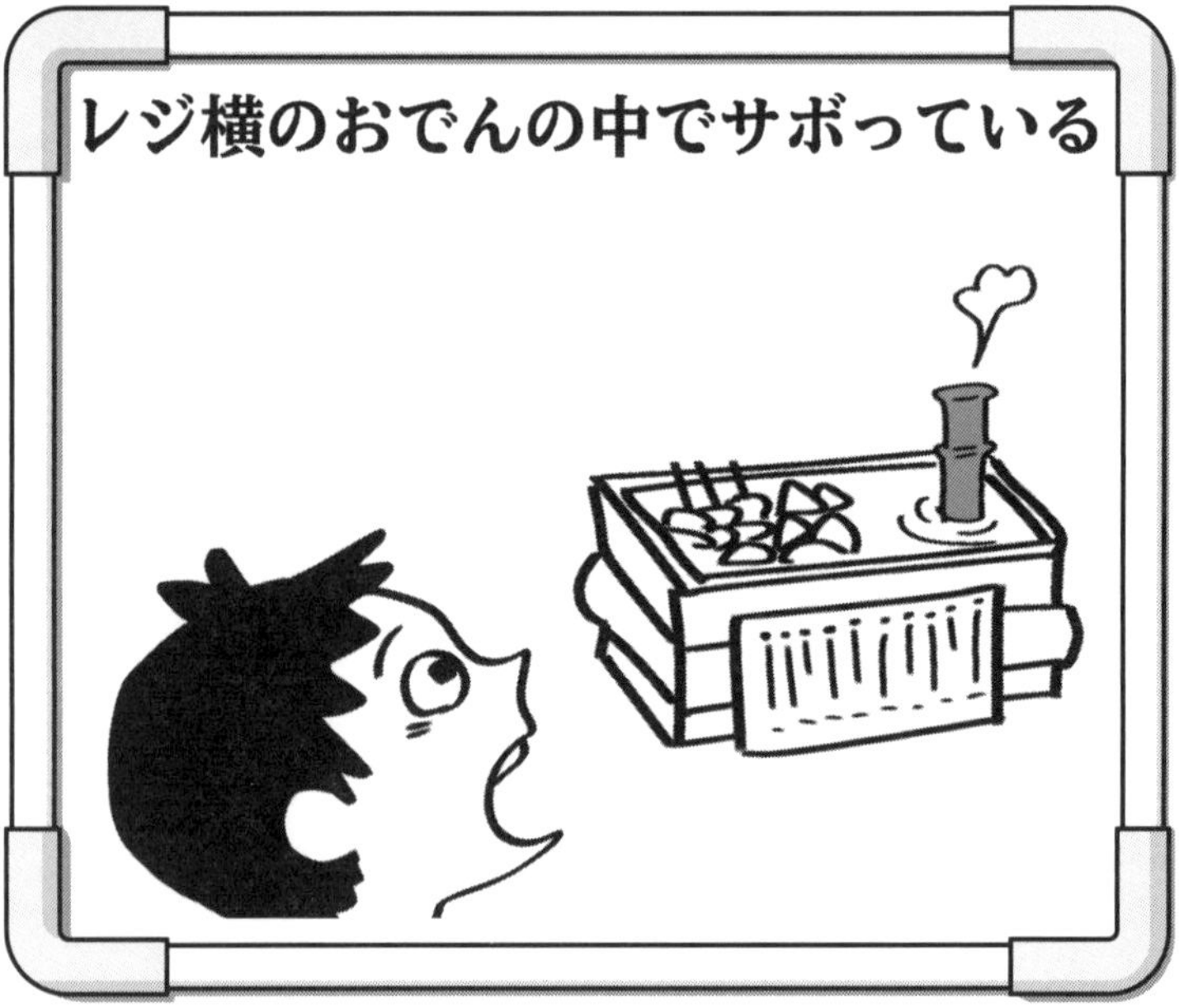

レジ横のおでんの中でサボっている

思考1

可能性は無限大

分解と合体を繰り返す

考える際に最初に行うことは、「深いことは考えず、とりあえず視点を掘る」です。

視点の具体的な掘り方は、**細かく分解する**ことです。

ここでは、「血液型の性格診断」というベタなあるあるを例に実践してみます。

血液型の性格診断のあるあるの視点は、次のようになります。

「O型はおおらかで大雑把」

「B型はわがままだけど自分軸がある」

「A型は几帳面で仕事ができるけど冗談が通じない」

「AB型は二重人格な天才肌」

これは、世間でよくいわれる性格診断結果です。

この視点を掘ると、次のような考えが見つかります。

「血液型は4種類ある」

「各血液型にメリットとデメリットの両面がある」

「デメリットだけの血液型は本当にない？」

「蚊はどの血が好きなんだろう」

「蚊は飲む血で性格が変わるのか？」

「体毛が濃ければ、蚊に刺されにくそう」

「ドラキュラも好きな血液型があるのだろうか」

「馬の血液型は3兆種類あるらしい」

「自分の血液型と違う血液型に全部入れ替えたら性格が変わるのか」

このように自分なりに分解した後は、これらを合体していきます。

たとえば、「蚊は飲む血で性格が変わるのか？」と「デメリットだけの血液型は本当にない？」の考えを合体させると、「冗談が通じないわがままで大雑把で二重人格なデメリットだけを継承した蚊」が生まれます。

一見、結びつきがないと思われる考え方も、合体をしていくことで「新しい」考えになる可能性が高まります。

同じようにどんどん合体をしていきましょう。


「何型？　と聞いて答えてくれない人はB型です」

「もうキミ一人の体じゃないんだ、と私の体毛に絡まった蚊を凝視する男」

「俺AB型しか吸わないんだとセンスあるアピールするドラキュラ」

「馬の血液型3兆もあるという雑学を言う人はもれなく馬面《うまづら》」

「今日は気分を変えようと、全身の血液を入れ替えてみた」

ここで重要なことは、一度の分解と合体で終わらせないことです。

次はこの回答を先ほど出した考えと重ならないように分解してみます。

「血液型で決めつける」

「蚊やドラキュラの好みは血液型重視」

「馬の血液型を3兆まで数える専門職がある」

「自分の意志で血液を入れ替えられる未来」

そして、もう一度これまで出た考えと重ならないように合体します。

「キミも馬の血液型を数えないか、とNASAがビズリーチで求人募集」

「A型の血液を吸ったドラキュラは、次回からアポを取って吸いに来る」

このように分解と合体を繰り返し、作業として新しく結びつかないかを確認していきます。

新しいものはゼロからは生まれません。

ないものをいきなりつくり出すのではなく、**あるもの同士をかけ合わせて、「新しい」に近づけていく**のです。

たとえば、「古いこと」×「流行していること」や「具体的なこと」×「抽象的なこと」などがよくある組み合わせです。

しかしシステムは理解できるのですが、いざ実践しようとしても、かけ合わせの概念しかわからず先に進めない人が多いのではないでしょうか。

そこで、「どれとなにをかけ合わせよう」と悩むのではなく、分解と合体をひたすら繰り返していけば、立ち止まるよりも早く回答にたどり着けます。

そして、**何度もやり慣れるうちにコツがわかり、分解と合体の作業回数も減り、組み合わせのカンが身についていきます。**

ここで今回の回答に至る過程を見てみましょう。

見る
「忍者が働いているコンビニ」を見る（おでんや忍術などのイメージ）

⇐

視点
「忍者の竹筒を使った水遁《すいとん》の術」と「コンビニのおでん」の視点をもつ

⇐

思考
「おでんのバイトテロ」と「竹筒の忍者」を組み合わせて考える

⇐

言語化
「レジ横の」を加えた方がより具体的に伝わると思い言葉を選択

分解と合体の考え方はお題に要素があればあるほど、可能性が広がります。
ここでは、要素が多くあるお題で分解と合体を行いましょう。

お題

マジシャンの大掃除あるあるを教えてください

回答

辞めていった歴代のアシスタントの写真が出てきて、手が止まる

ひとくち解説

【ある世界】（芸の厳しい世界と掃除のあるあるを考える）
掃除中にアルバムが出てきたらついつい見てしまうもの。思い出はマジックでも消せない！

お題

「おいおい、そりゃないぜ」コンテストの優勝者がしたこととは？

回答

3位にすべての権利を譲った

ひとくち解説

【ない世界】（ないコンテストを考える）
2位の人が一番「おいおい、そりゃないぜ」コンテストの醍醐《だいご》味《み》を味わうことになりそう。

お題

世紀末学園の学級閉鎖の理由を教えてください

回答

校庭に野良ケルベロスが入ってきた

ひとくち解説

【ある×ない世界】（ケルベロスのない世界をある世界に寄せる）
校庭に「犬」のようにケルベロスが出現。また、野良ってことは飼いならされたケルベロスもいるのだろう。

お題

炎上系社会人 YouTuber が
上げそうな動画とは?

回答

明細書に「0」をいっぱい
足してみた

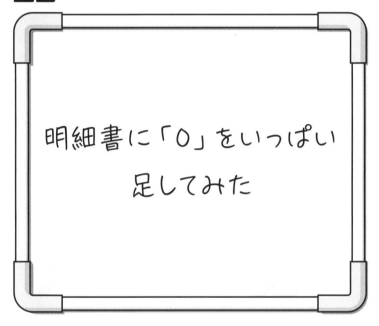

思考
2

一つが二つへ、二つが三つへ
繋がって広がる

次は、連想に重点を置いて「考える」を行います。

簡単にイメージしやすいのは、マジカルバナナのような連想ゲームです。

マジカルバナナでは、リズムに合わせて、「バナナといったら黄色」⇒「黄色といったら絵の具」⇒「絵の具といったら……」などと連想していきます。

連想を広げるには、マジカルバナナのように淡々と一つのキーワードから一つのイメージを浮かべるのではなく、出てきたキーワードをさらに細かく派生させていくことが大切です。

それでは、実際に「バナナ」のキーワードから連想をしてみましょう。

「バナナ」↓黄色、ゴリラ、フィリピン、ダイエット
「黄色」↓絵の具、ひまわり、ビタミンC、卵の黄身
「ゴリラ」↓ドラミング、動物園、強い、臭そう
「フィリピン」↓ペソ、首都マニラ、セブ島、リゾート
「ダイエット」↓失敗してリバウンド、体重計、デパ地下が怖い

このように、断片から次々にイメージを広げていきます。

連想しようとしてもなかなか思いつかないこともありますが、その場合は無理に連想しようとせずに、インターネットなどで調べたいキーワードで検索するのも良いです。

それによって、自分では気づかなかった繋がりを発見できる場合もあります。

連想を行う際は、**数珠繋《じゅずつな》ぎのように外へ外へと思考を広げていくこと**が大切です。そうすることで、誰でも思いつくような回答ではなく、「おっ！　よくそこ

に気づけたね」という他の人とは異なる回答に至ることができます。

では、「ダイエット」で連想した「デパ地下が怖い」から、さらに連想させて、元のキーワードのイメージとは離れている言葉を探してみます。

「デパ地下が怖い」↓財布の紐が緩《ゆる》みがち、人が多い、高品質、グラム売り、ちょっとしたサラダなのに結構な金額になる、値段を見て弱気になる

そして、次は「弱気になる」に焦点を当てて連想をしていきます。

「弱気になる」↓好きな人が自分に見せたことのない笑顔で楽しそうに他の人と話をしている、10点差つけられたサッカー、ラスボスを倒したと思ったらさらに強い本当のラスボスが出てきた、百貨店でハイブランドのお店を通るときは早歩きになる

このように連想が広がったところで、組み合わせをしてみましょう。

すると、「デパ地下が怖いゴリラは好きなゴリラに高品質ドラミングをしがち」が生まれました。

これが意味することは、**アイデアを派生させて組み合わせると、奇抜な発想を生み出せる**ということです。

連想することに慣れていない場合は、頭の中に思い浮かんだ言葉やイメージをノートに書き出すのも一つの手です。

ノートに書き出すことで、頭の中の漠然とした情報が整理され、俯瞰的に見ることができるためです。

そうすることで、より具体的に連想が広がったり、意外な組み合わせが生まれやすくなったりします。

思考を見える化することで、情報の整理を行いながら、枝分かれした連想から新しい案が生まれやすくなります。

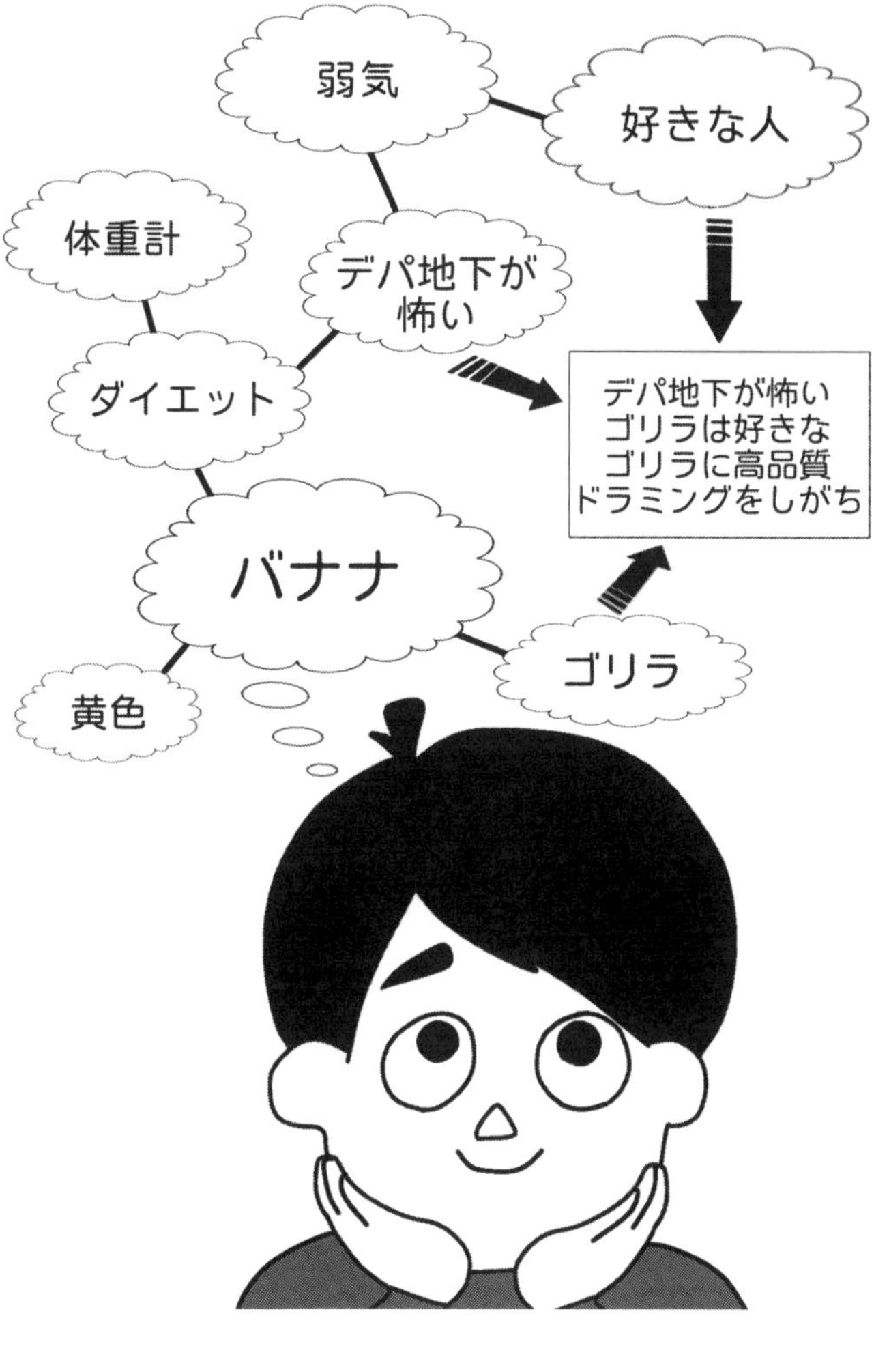
弱気
好きな人
体重計
デパ地下が怖い
ダイエット
デパ地下が怖い
ゴリラは好きな
ゴリラに高品質
ドラミングをしがち
バナナ
ゴリラ
黄色

先ほどの「バナナ」から「デパ地下が怖いゴリラは好きなゴリラに高品質ドラミングをしがち」までの繋がりを書くことで、連想の過程が理解できます。一見すると奇抜な発想でも、実は連想を重ねた結果として生まれたアイデアだということに気づくと思います。

「この人の発想はすごい」と感じたら、その人がどのようにしてそのアイデアを導き出したか、ノートに書き出し、**結果から逆算して、過程を調べてみる**と優れた連想方法をマネすることができるかもしれません。

アイデアは「降りてくる」のではなく、必死に連想を重ねることで、手繰《たぐ》り寄せられるものなのです。

ここまでの話をまとめると、考え方の方程式の基本は「分解して合体して、連想して、分解して合体して、連想して」を繰り返す作業です。

考えて煮詰まったら、方向性を変えて考えはじめ、また方向を変えて考え……

を繰り返しながら進むことが「考える」ことなのです。

今回の大喜利で見てみましょう。

見る
「炎上系社会人 YouTuber」を見る（仕事でしてはいけないことをイメージ）

⇐

視点
「発注ミスや明細書のミス」などの視点をもつ

⇐

思考
明細書のミスを YouTuber のよくある企画から連想して考える

⇐

言語化
「数値を増やす」でも良いが、具体的な方が伝わると思い言葉を選択

連想に似た考え方としては「仮説」、「関係性」、「ストーリー」があります。

仮説はお題や情報に対して「なぜ？」と疑問を投げかけ、推測しながら組み立

てていくことです。

関係性は、そのモノ自体ではなく、目に見えていない他のモノとの関わりを考えること、ストーリーはそのモノのストーリーを連想して組み立てていくことです。

これらの類似する考え方を大喜利してみます。

お題

動物の刑務所で起こりそうなこととは?

回答

食物連鎖

ひとくち解説

【仮説】（動物世界のルールから連想する）
いろいろな動物がいれば起こり得ること。看守がうさぎだったら食べられないか心配。

お題
こんな電子マネーはいやだ

回答
タッチすると店員さんの舌打ちが鳴る

ひとくち解説

【関係性】（電子端末ではなく店員さんとの関係を考える）
店員さんがその場で舌打ちするよりも、「チッ」の音を事前に録音して、鳴らす姿勢がいやだ！

お題

思わず二度見！　担任の先生がパソコンで検索していた言葉とは？

回答

【道徳　いる？】

ひとくち解説

【ストーリー】（先生の裏の物語を考える）

教えている先生も必要性がわからないまま授業をしている。日本の教育現場の問題に触れた回答といえる……？

お題

逆映画館のあるあるとは?

回答

料金が子どもの方が高い

思考3

自分を信じて突き進む
見て思って、感じる

Don't think, feel.

ブルース・リーの名言「考えるな、感じろ」です。

これは「考える」を行ううえで、重要な考え方の一つです。

「考える」ことを考える項目なのに、なぜ「考えるな、感じろ」なのか。

それは、直感を用いて問題を解決しようとすることも、これまでの考え方と同様に重要だからです。「考える」を作業として使いこなす方法と直感で「考える」方法があれば、選択肢が増えます。

しかし、直感的な考え方は論理的な過程を通っていないため、出た答えが成立しているかを精査する必要があります。

つまり、「考えるな、感じろ、そして考えろ」です。
今回の大喜利を見てみましょう。

見る
「逆映画館」を見る（チケット購入、ポップコーンなど映画館のイメージ）

⇐

視点
「価格が大人よりも子どもの方が高い」というそのままの視点をもつ

⇐

思考
映画館では「料金」というので、そこをお題に合わせる

⇐

言語化
「大人より」があっても良いが、なくても伝わると判断し、言葉を選択

このように**直感で出た回答とお題で問われていることが一致しているかを確認すること**が、「考える」になります。

同じような考えとして、回答に**自分の大好きなジャンル（漫画やスポーツなど）を取り入れることや実体験や他人の経験を入れ込むこと**などが挙げられます。
これは、「自分がもっている回答をお題に寄せる」ともいえます。
類似の考え方を大喜利で見てみましょう。

お題
こんな結婚式なら盛り上がる　どんな結婚式？

回答
トルネード投法で投げたブーケを背面キャッチする

ひとくち解説
【大好き】（自分の大好きな野球を入れ込む）
そんな投げ方をしなくていいし、それに対抗して見せるような神業でキャッチしなくていいよ！　野球好きの結婚式。

お題

魔法少女の変身シーンで「ん？」合間に一瞬見えたものとは？

回答

回転して変身したときに、靴のかかとを引くほど踏んでいた

ひとくち解説

【実体験】（自分の経験を入れ込む）
学生時代、同級生がローファーをペッタンコに踏みつぶし、そのせいでかかとの靴下が黒くなっていた。そのときの経験をここに。

お題

医療ミスで謝罪会見なのに誠意を感じない　なぜ？

回答

会見の会場でスマホを充電しようとコンセントを探している

お題

事故物件に入居者が殺到　その理由とは？

ひとくち解説

【実体験】（自分の経験を入れ込む）
友人が家に来るや否やスマホの充電をしてきた体験を回答に。

回答

家事をしてくれる手がいっぱいある

ひとくち解説

【他人の経験】（知り合いの愚痴を入れ込む）
家事が大変で猫の手も借りたい、と言っていた友人の発言を回答に。手伝ってくれるならもう幽霊もいとわない……。人気物件！

お題

この人とは友達やめようかな……　なぜ？

回答

お寿司屋さんで「一口ちょ～だい」と言ってきた

ひとくち解説

【他人の経験】(知り合いから聞いた話を入れ込む)

一貫じゃなく一口!?　自分で新しく頼んでくれ！　実際に友人から聞いた話では、小さくて高級なマカロンを少しかじられた。より気持ち悪さを際立たせるためにお寿司屋さんに変更。

お題

この定食屋、「あそこが変わったら最高なんだけどな……」なにが？

回答

トイレの中に厨房がある
のは良くないのでは？

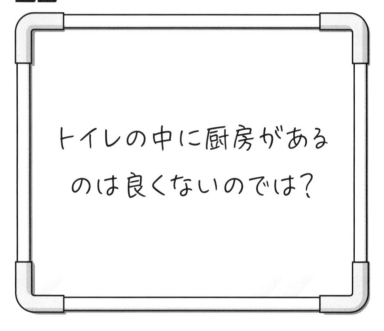

思考
4

「新しい」を生むためのサヨナラ

過去の自分を捨てる

考えすぎて、なにがなんだかわからなくなることはありませんか？

視点でもありましたが、煮詰まっている状態のことです。

特に「考える」で起こる問題は、考えたアイデアへの執着が挙げられます。

時間と苦労をかけて生み出したアイデアには、どうしても愛情を注いでしまうものです。

ここでは自分のアイデアへの執着を断ち切るための「考える」を説明します。

自分のアイデアを冷静に見るために**必要なのは客観と批判**です。

自分が当事者であることを忘れ、誰かのアイデアとして外部から冷静に見て、粗《あら》を探していきます。

「批判」は**否定的視点と肯定的視点**の2種類に分けられます。

たとえば、上半身にゴミ袋のようなものを被《かぶ》り、下半身はミイラのようにトイレットペーパーをぐるぐると巻きつけたファッションをしている人がいたとします。

否定的視点で批判をすると、「ダサい」、「常軌を逸《いっ》している」、「ただのゴミをつけている」などの意見が出てくると思います。

それに対して、肯定的視点で批判すると、「もっとカラフルにして、目立たせた方が良い」、「もっとゴミみたいなものを取り入れて、環境問題とファッションをかけ合わせた方が良い」などがいえると思います。

批判する際はなるべく客観的な視点で否定と肯定の意見を出すことが重要です。

しかし自分のアイデアに自分で意見をすると**主観が入りがち**になるので、**そのアイデアと距離を取り、いったん忘れるために寝かせることが大切**です。

ただし、仕事のスケジュールの関係などで数カ月も寝かせておけない状況もあります。批判を手際よく行いたいのであれば、**ツッコミをする意識で考える**と物事が進みやすくなります。

芸人さんの漫才をイメージして次の会話を見てください。

「パワハラにならないか気になり、部下にちゃんと注意できているか不安」
「じゃあ、僕を部下だと思って、いつものように注意してみて」
「（相手の頭をわしづかみして）俺がやれって言ったらやるんだよ！」
「やめて、やりすぎ！　パワハラが気になっている人の言動じゃない！」

ここでは、自分の部下に対する注意について、パワハラになっていないか悩んでいる人が、明らかなパワハラをする。そこを「やりすぎ」と指摘していることがツッコミになります。

次の会話はどうでしょうか？

「俺、ボイパカを趣味にしたくて、最近ボイパカの練習してさ……」
「うん？　待って。ボイパカってなに？」
「ボイスパーカッションの略。で、奥が深くてボイパカって……」
「ボイパカって言われると頭の中にアルパカが出てきて話入ってこない！」

この場合、ボイスパーカッションをボイパカと略すのは少しずれている、言葉のリズムが気持ち悪い、独特だ、と感じました。そのため、「ボイパカ」のフレーズに焦点を当て、ツッコミとして言語化しています。

ツッコミはすぐには気づけないことを指摘したり、一つの視点からイメージを広げたり、全体を見て「拾い届ける」ことです。

「なんか変だな」「なんか気持ち悪いな」などと感じた視点。「なんか」を掘って、「なにが」を探し掘ることが思考。

その「なに」を形にして、言葉で伝えることが言語化。

このようにすべては繫がっているのです。

今までの大喜利の回答に対して、自分ツッコミを入れてみます。

お題「大喜利を知らない人に、大喜利を説明してください」

回答「人間脳内見せ見せチャレンジ」

ツッコミ「逆に複雑じゃない？　老若男女の『老』には伝わらないかもよ？」

お題「全員犯罪者のアイドルグループのあるあるを教えてください」

回答「握手会でみんなの指紋がなかった……」

ツッコミ「怖っ！　指紋は再生するから定期的に犯罪も継続していそう」

このように回答にツッコミを入れることで、より具体的なイメージが見え、また違った視点で見るきっかけになります。

自分ツッコミの応用として、**回答をいったん受け入れてツッコミを入れるノリツッコミや回答に対してツッコミ風にボケるボケツッコミ**などがあります。

今までの大喜利の回答を用いて、実際に行ってみます。

お題 **ファミレスで彼氏にゲンナリ　なにをした?**

回答 **ドリンクバーでいろんな種類を混ぜてはしゃいでいる**

ツッコミ **いくつだよ!　ゲンナリするってことは30代以上なのか!?**

お題　**こんな大喜利はいやだ　どんな大喜利？**

回答　**「繝弱う繧ｺ縺ｿ縺溘∧縺ｪ譁ｭ怜喧縺？」**

お題が文字化けしている

ノリツッコミ　「縺ｪ繧薙縺縺繧上！」いや、文字化けツッコミになってる！

ひとくち解説

【ノリツッコミ】（おかしいと感じるところに乗る）
どんなにおかしいことも、いったん飲み込んでからがはじまりだ！

ひとくち解説

【ツッコミ思考】（おかしいと感じる状況を探す）
食べ放題にもはしゃぎ、雨の日は水たまりにジャンプしそうだな！

お題 このバスガイドめちゃくちゃだな　なにがあった?

回答 左手を上げて、天井の説明をはじめた

ボケツッコミ 床の説明が先だろ!　天井から説明されても困惑するよ!

ひとくち解説

【ボケツッコミ】(おかしいをさらに深める)
バスツアーで床も天井も説明するシーンなんかないだろ!　訂正しているようで、変をさらに乗せている!

お題

強すぎる将棋名人
伝説となったハンデ戦とは？

回答

名人が座る場所は底なし沼になっていて、もち時間とともにどんどん沈んでいく。また名人は右腕・左腕・右足・左足に鉄球がつけられ封印されている。そして、対戦相手の親族に囲まれ名人が打つたびに、「あ〜」と落胆される。さらにはあちらこちらでジュージューと肉を焼いていて、煙で目が染みるし、服臭くなるし、お腹減るし、ヒザにネコ3匹置かれる。

思考5
「今」がそのときだ！
すべてをフリにする

「鍋に『早くおいしくなってよ!!』と圧力をかける」

情緒が急に乱れたわけではありません。

フリとオチが大切だと感じるための好例として提示しました。

大喜利には、お題という「フリ」があって、その中で回答を考えます。もちろん強いフレーズや言葉の面白さだけに頼り、お題から逸脱《いつだつ》するような回答もありますが、基本はお題という世界の中で、回答というオチを探していきます。

お題「ヒステリック料理教室で起こりそうなこととは？」

回答「鍋に『早くおいしくなってよ!!』と圧力をかける」

お題と照らし合わせると、概要が見えてきます。

ヒステリック料理教室で起こりそうなことがフリで、回答がそのままオチです。

もう少し、聞いたことがあるわかりやすい例で説明します。


「こんなメシうまいわけない！　見た目も明らかに良くないし……」

「(一口食べた後に) うま〜っ、めちゃめちゃうまいよ」

説明不要なぐらいのわかりやすいフリとオチですが、「まずい食べ物に決まっている」がフリで「すごくうまいんかい！」というのがオチです。

芸人さんのネタやエピソードなども基本的にフリとオチで構成されています。

フリをすることで観客に情景や状況などをイメージさせ、そのイメージをずらすことがオチに繋がります。

つまり、**フリは土台であり、オチは裏切り**です。そしてそれは**緊張と緩和**などとも言い換えられます。これは芸人さんだけが利用しているテクニックではありません。説明がうまい人も、話の構成の軸にフリとオチを用いることで、言いたいことを明確に伝わるようにしています。

しかし、ここで伝えたいことは、この**「フリとオチ」までもフリにした考え方**です。

芸人さんの漫才でいえば、「ボケ×ツッコミ」の漫才が何組も続いた後に、「ボケない」や「ボケ×ボケ」、「ボケ×受け入れる」など、その当たり前の世界をフリにすればするほど、大きな笑いへと繋がっていると思います。

ビジネスでいえば、数社がプレゼンする際に、淡々と情報をわかりやすく提示する会社が続いた後に、下手だけど情熱を強く伝える会社があれば、聞き手の心に残りやすくなります。

つまり、その世界で**当たり前になっている「フリとオチ」をフリにして、ライ**

バルに差をつけることができます。
新しいことを生み出すには、このすべてをフリにした考えはとても大切です。
今回の大喜利を例に見てみましょう。

見る
「伝説となったハンデ戦」を見る（不利な状況をイメージ）

⇐

視点
「底なし沼で将棋」や「鉄球を取りつけられる」という視点をもつ

⇐

思考
お題に対して一つの回答という土台をフリにして多数を回答

⇐

言語化
文章として構築した方が伝わると判断し、言葉を選択

このように今までの回答では、一つの単語や文章でしたが、その流れをフリに

して「長文」の回答にしました。その他の回答案としては、フリップに書かないで外の枠に記載する、ＱＲコードだけが書かれており、そのページに飛ばなければ回答が見られない、などが当てはまります。

また、「フリとオチをフリにする」と類似する考え方に、**メタ思考**という考えもあります。

メタの直訳は「超える」です。小説や映画ではメタフィクションといわれ、物語の枠から出た発言や行動を表現します。たとえば、登場人物が作者の話をしたり、「このままでは尺が足りない！」などと言ったりすることです。小説や映画という枠組み自体をフリにしているという点で、「フリとオチをフリにする」と似た部分があると思います。

それでは、「フリとオチ」や「フリとオチをフリ」に類似する考え方の大喜利をしてみましょう。

お題

「こんなハンバーガーショップ二度と来るか！」なぜそう思った？

回答

スマイルが有料の店員がいて、ただヘラヘラしているだけで料金が増えていく

ひとくち解説

【裏切り】（「スマイルが無料」を土台にしてオトす）
スマイルでお金を取られるなんて、予期できない！

お題

「背中仕上がってるよ！」「彫刻みたいだよ！」はわかるけど、それはなに？　と思ったボディビルダーへの掛け声

回答

「あなたの腹筋で6を覚えました！」

ひとくち解説

【緊張と緩和】（力が抜けそうな掛け声を考える）
シックスパックで6を!?　それまで6を知らなかったのか……。大きな掛け声が飛び緊張感の中のこの言葉は緩和でしかない。

お題

オオカミがびっくりした赤ずきんちゃんの独り言とは？

回答

「ほ～んとグリム兄弟ってこういう物語つくるの好きよね～」

ひとくち解説

【メタ思考】（自分をも全体の一部として見て、考える）
赤ずきんちゃんが作者を語るのはまさしくメタ！

チェックポイント

- ☑ 新しいものはゼロから生まれない
- ☑ 分解と合体を繰り返し、作業的に新しいものを探す
- ☑ 一つからイメージを連想して、外へ外へと思考を広げる
- ☑ 「考えるな、感じろ、そして考えろ」
- ☑ ツッコミ思考で、否定的・肯定的批判を身につける
- ☑ すべてがフリになる

お題

よくわからないけど「危険だ」
と思わせてください

回答

筋肉電車が
参りますので
白線の内側まで
お下がりください

知識が気持ちいいに変化する「言葉」

「センス」という言葉に踊らされていませんか？

ことあるごとにセンスある、センスないなど、理解はできるが「本質」をとらえられていない言葉を多用していると思います。

私も「センス」、「やばい」、「すごい」など曖昧だけど都合が良い言葉を使いがちです。

しかし、言語化を向上させるために重要なのは、**具体的に自分の言葉で表現すること**です。

たとえば、「あの人はファッションセンスがある」と思ったのであれば、なぜそう思ったのか、それを考え、言葉にしていきます。

「色の使い方がうまいからセンスある」
「流行を取り入れた服装をしているからセンスある」
「体のラインに合う服のチョイスがセンスある」
「小物の使い方がうまくて全体がまとまっているからセンスある」

このように自分のもっているイメージを具体的に言葉で表していきます。

安易な言葉選びをせず、**思っていることや考えていることを自分の表現で形にすることが言語化**です。

つまり、**言語化とは形にする行動**です。

この章では、頭の中の枠をはみ出して、アイデアを言語化する方法を学んでいきます。

あなたの世界はあなたの言葉でつくられている。

お題

「このキャバクラつぶれるな」

なぜ?

回答

「よく来てくれたニヨン」
「会いたかったニヨン」
と、もうドン・ペリニヨンの
ことしか考えていない

言語化 1

伝わるための優しさ
届いてはじめて形になる

「もういやだ、あっち行ってよ～。帰って！」

彼氏らしき人に大きな声で怒りをぶつける女性。

困りながらも彼女の発言に従い、帰ろうとする男性。

「なんで本当に帰るの！　一人にしないでよ！」

女性の気持ちがわからない男性としてテレビなどでよく挙げられる例。

これは、**伝わらなければ、相手は気づいてくれない**ということです。

「伝える」と「伝わる」は大きく違います。**「伝える」は自分が言葉を発しただけのこと、「伝わる」は発した言葉が相手に届いたこと**を意味します。

わかりやすくすると、主語が違います。伝えるは「自分が言った」と自分が主語となり、**伝わるは「相手が理解した」**と相手が主語になります。そして、**「届ける」とは相手に自分の言いたいことのイメージが伝わるようにすること**です。

次の文章でイメージが届かない場合を考えてみましょう。

「土日がバレンタインのとき、いつもらえるのかと話す男子中学生」

バレンタインの日、チョコレートを女子からもらえるかドキドキする心情を男子だけで相談する教室の風景です。土日がバレンタインのときはどうなるのか、と悩んでいます。しかし、「いつもらえるのかと話す男子中学生」では心情がうまく表れていません。それを考慮して、文章を整理し、修正してみます。

「土日がバレンタインのとき、金曜？　月曜にもち越し？　と焦る男子中学生」

あくまで個人の心を「焦る」と立たせて表現しました。それにより、一人で悶々と悩んでいるのかなと、この男子中学生の立場をイメージしてもらいやすくなったと思います。次は男女問わず共感できるように大幅に修正してみます。

「土日がバレンタインのときって、金曜にチョコレートもらえるんだっけ？　月曜にもち越しになるんだっけ？　と給料が振り込まれるような感覚で聞いてくる同僚は、今年もチョコレートをもらえていなかった」

先ほどとは打って変わって、職場での風景です。給料の振り込みという例を用いることで、よりイメージが伝わりやすくなっていると思います。

このように、**正解がないからこそ、「伝わる」を意識して、言葉にしていく**ことが重要です。

今回の大喜利を例に見てみます。

見る　「このキャバクラつぶれるな」を見る（地味さや態度の悪さなどをイメージ）

⇐

視点　「おねだりのやり方が変」という視点をもつ

⇐

思考　「語尾にドンペリをつけ、変を際立たせよう」と考える

⇐

言語化　「ドンペリ」でも同じ意味だが正式名称の方が伝わると思い言葉を選択

まずは相手に伝わるように、**優しい言葉とわかりやすさを重視して選ぶこと**です。

そして、相手にイメージを共有してもらうためには、**抽象的な表現よりも具体的な表現**にすることや**中学生に伝わる言葉（中2言葉）**だけを使う、**パッケージ化（キャッチコピー化）**するなどが挙げられます。

お題

**マッチングアプリで出会った女性と初デート
この人とはもう会わない、なぜそう思った？**

回答

公園の水をタンブラーに入れてもち帰っていた

ひとくち解説

【抽象から具体】（具体的な表現へと言葉を組み立てる）
友達がコンビニで買ったおでんの汁をもらいそう……。

お題

この政治家に投票したくない　どんな公約を掲《かか》げた？

回答

少子化対策《エンジェルバーストゥワイライトインフェルノシンドロームナイトメアトゥワイライトディスティニー》

ひとくち解説

【中2言葉】（中学生が使いそうな言葉で組み立てる）
読みにくい！　そもそも意味あってるのか？　絶対に届けたい人に届かないぞ！

お題

「400戦無敗の男」、「キックの鬼」はわかるけど、弱そうな格闘家のキャッチコピーとは？

回答

「パンチを知らないボクサー」

ひとくち解説

【パッケージ化】（わかりやすくギュッとまとめる）
なにを知っているんだ！　どうやってボクサーになったんだ！

お題

中華料理屋さんで起こりそうな
心霊現象を教えてください

回答

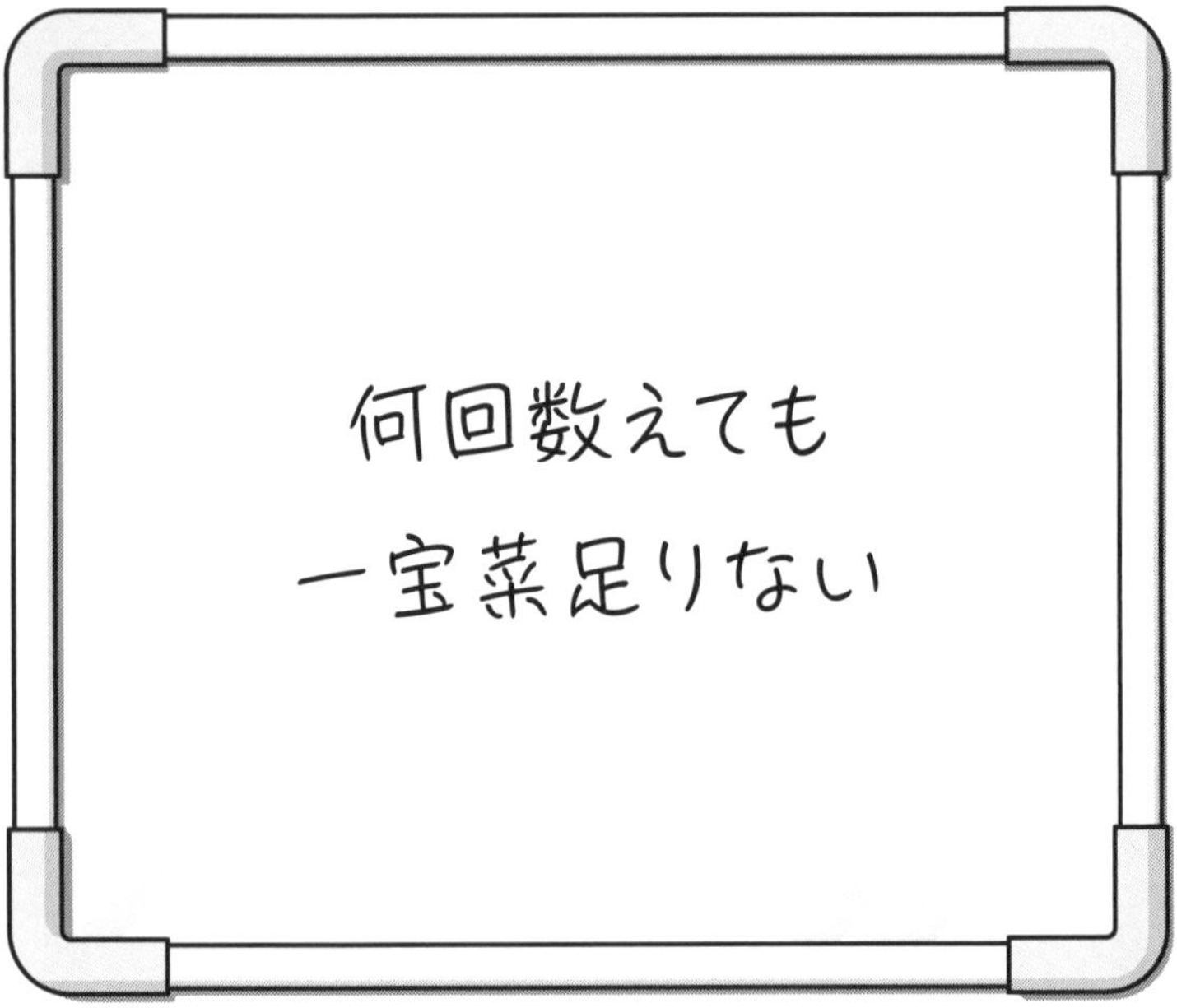

言語化 2

言葉を抱きしめて
自分の好きを詰め込む

「ビッグマック」
「物産展」
「GACKTがいる正解の部屋」
「ねるねるねるねの2の粉」

これは私が個人的に好きな言葉や文章です。
語彙力のある人には憧れがありますが、私は読書家ではありません。街中で気になった言葉やテレビなどで聞いた面白い表現などをスマホのメモに打っているだけです。

自分でも「気になる」の共通事項はわかりませんが、少しでも違和感があったり、心が踊ったりする表現を集めるクセがあります。大喜利をする際は、その言葉たちを脳内の引き出しから取り出して使用する場合もあります。

大切なのは、**自分の「好き」を集める**ことです。

語彙力をつけるために、辞書のような本をがむしゃらに頭に入れ込むのは、勉強が好きな人を除いて、かなり難しいと思います。

そのため、**良くも悪くも自分の感情が動いた言葉を集めることが、無理をせずに語彙を増やす方法**といえます。

また、ここでいう「語彙」には、フレーズやギャグなども含まれます。

「どんだけ〜」
「そんなの関係ねぇ、そんなの関係ねぇ」
「いつやるの？　今でしょ」

有名人が生み出し、世間に浸透していったこのようなフレーズには、強く印象に残る言葉の強さやリズムなどがあります。

多くの人が共有するイメージを有効に活用しましょう。

継ぎ足しの秘伝のソースを使った串カツ屋で働く厳しいＩＫＯ

「二度づけ〜」

組織に捕まり、拷問を受けながらも仲間の情報を漏らさない小島よしお

「あいつらとはなんも関係ねぇ、関係ね……」

ベテラン万引きＧメンとして活躍する林修

「あの子盗りそうだね。いつやるの〜いつやるの？　う〜ん、今でしょ」

（敬称略）

このようにすでに共有できているフレーズのイメージを利用することで、相手が想像しやすくなります。

同じような手法でいえば、**名言などのフレーズを引用**する、人でないものを人として表現する**擬人化**を用いる、フレーズに近いものでいうとCMなどの**リズム（メロディー）**を利用するなどが挙げられます。

それでは、今回紹介した手法を活用して大喜利をやってみましょう。

お題 **ゾンビが主人公の恋愛ドラマでありそうなシーンは？**

回答 **トラックに完全に轢《ひ》かれた後に「本当に死にましぇん」と叫んでいる**

ひとくち解説

【名言】（テレビや映画などの名言を使う）
「１０１回目のプロポーズ」の名シーンをゾンビ版として利用。

お題
「この家電製品、最新すぎるだろ」なんでそう思った？

回答

冷蔵庫が「久しぶりの卵だ！」とジタバタ扉を開いたり閉じたりしている

ひとくち解説

【擬人化】（ファンタジー要素で、「人」に見立てて組み立てる）
冷蔵庫内に臭くなるものを入れたら吐き出されそう。

お題

「お前の 母ちゃん で〜べそ」のリズムでビビらせてください

回答

「私は 出るとこ 出〜るぞ」

ひとくち解説

【リズム】（リズムで返答できるように組み立てる）

怖いよ！ すぐに裁判をちらつかせるな！ こっちがなにをしたっていうんだよ……。

お題

童話「桃太郎」を7文字で
教えてください

回答

きびだんご労働

言語化 3

三言を二言で、二言を一言に
選んでまとめる

「税」「戦」「金」「密」「令」「災」……。

毎年12月中旬に京都の清水寺で、その年を表す漢字一文字が「今年の漢字」として発表されます。

基本的には12月12日に発表するようで、12（いいじ）12（いちじ）という語呂合わせで、「漢字の日」といわれています。

まさにこれは、まとめる力です。

一文字で多くの人が「確かに」と納得できる漢字を選んでいるのです。

言葉の選び方と文章の要約の仕方で、「伝わる」が大きく変わります。

次の文章で言葉の選び方と要約の基本を見てみましょう。

「女忍者が忍術の影分身をするたびに、女の子が増えたと喜ぶバカな殿様」

この文章をより伝わるようにしたいと思います。

まずは、この文章の言葉と同じ意味を集め、選び、言葉の省略を図ります。

女忍者と同じ意味の言葉に「くのいち」があり、こちらの方が柔らかい印象になります。忍術の影分身は「影分身」で伝わるため、言葉を短くします。

また、「女の子が増えた」をもっとバカな殿様に寄せるために、「おっぱいが増えた」など抽象から具体へと変化させます。バカな殿様でも伝わりますが、「バカ殿」と略した方が、より固有のイメージもあるため、良いかと思います。

それを踏まえて、次のように文章を修正してみました。

「くのいちが影分身をするたびに、おっぱいが増えたーと喜ぶバカ殿」

「喜ぶ」をもっと具体的な態度として表したり、バカ殿の喜んだ先のストーリーを提示したりするのも良いと思います。

「くのいちが影分身するたびに、おっぱい増えたーとバンザイするバカ殿」
「くのいちが影分身するたびに、おっぱい増えたーうれしいけど一人じゃ全部見られない、と自分も影分身を覚えるため、旅に出たバカ殿」
「くのいちが影分身するたびに、おっぱいが倍になったーとおっぱいの数に狂いが生じないように計算しているうちに平方根の概念が生まれた数学の殿」

答えはありません。

自由な考え方で、相手に「伝わる」を意識して、言葉の選択と文章の要約をすることが言語化の基本の軸です。

先ほどの例を見ると、後半から正しい文章表現ではなくなっています。「影分身するたびに」や「おっぱい増えたー」など「てにをは」が抜けていることに気づく人もいるでしょう。

ここで大切なことは、**文章の正しさよりも「伝わる」を優先させる**ことです。

そして、**要約は段取り**ともいえます。

言いたいことをすべて詰め込むと、自分の中ではわかっているのに、相手に伝わらない現象が起こります。

ビジネスで説明がうまい人は、「私の意見は三つあります。一つ目は〜、二つ目は〜、そして三つ目は〜。以上の事より私の結論は〜です」や「私の結論は〜です。その理由は三つあります。一つ目は〜、二つ目は〜、そして三つ目は〜。ですから私の結論は〜です」のように意見を明確にし、**論理的に道筋を提示**しているのです。言葉の選択も専門用語などを多用せずに説明をしてくれます。

今回の大喜利を例に見てみます。

見る

「桃太郎」を見る（桃から生まれたことやきびだんご、鬼などをイメージ）

⇐

視点

「きびだんごで仲間になった犬、猿、キジ」という視点をもつ

思考 ⇐ 「きびだんご一つで鬼に挑む仲間たちで要約しよう」と考える

言語化 ⇐ 「働き」でも同じ意味だが「労働」の方が伝わると思い言葉を選択

また、この節のはじめに12（いいじ）12（いちじ）という語呂合わせで、「漢字の日」と書いています。この語呂合わせもこじつけにも見えますが、要約の要領で行っているといえます。

要約されているものに意味をもたせるのが語呂遊びです。

実際に、語呂合わせをやってみます。

3月8日↓漫才師の日

理由↓サン（3）パチ（8）（漫才をするときに使うセンターマイクのこと）

2月4日↓ゾンビの日
理由↓不（2）死（4）

4月3日↓UVカットを大切にする日
理由↓シ（4）ミ（3）が増えるのが怖い

3月12日の7時1分↓金欠の日
理由↓財布（312）の中身がな（7）い（1）

他に類似する手法としては、**親父ギャグ**も当てはまります。
それでは、「選んでまとめる」の手法を用いた大喜利をやってみましょう。

お題

5・7・5のリズムで「なにがあったんだよ！」と言わせてください

回答

栃木県　入った瞬間　即出禁

ひとくち解説

【言葉の段取り】（言いたいことと言わなくていいことを整理）
茨城県からの刺客か？　あの優しそうな栃木県が出禁って！

お題

このヤンキー、なんか憎めない　その理由とは？

回答

特攻服に墓（ぼ）乱（らん）茶（てぃー）亜（あ）で「ボランティア」と書いている

ひとくち解説

【語呂遊び】（漢字で当て字を組み立てる）
「茶」を「ティー」と表現している箇所が、「俺頭いいっしょ」と思っている田舎ヤンキー感が出ていて推せる、かわいい！

お題 **アイドル裁判長が出した意外な判決とは？**

回答

無期懲チェキ

ひとくち解説

【親父ギャグ】（言葉の響きで組み立てる）
「チェキ」を罰のようなものととらえているのでしょう。

お題

犬小屋アラモードを教えてください

回答

プレパラート宮殿という
ラブホテルの姉妹店

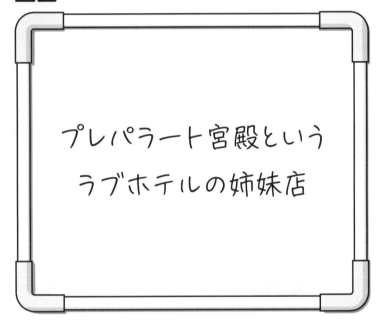

言語化 4

自分でつくる言葉たち
ないものを形にする

「カニクリームコロッケ」

これは造語だと私は思っています。

「カニ」と「クリーム」と「コロッケ」を組み合わせた新しい言葉が、今では浸透して、当たり前の言葉になっていると。

もっと深掘りすると、カニもクリームもコロッケも誰かが名前をつけたのです。

まだ名前が浸透していない事柄の「名付け親」になる、これは造語をつくるうえで最大の喜びといえます。

造語の「つくり方」は、思考の「分解と合体」に似ています。ゼロから生み出すのではなく、今あるものと組み合わせて言葉や文章として表します。

「ハリキリカマキリ」

「小ライス大盛り」

「野良ダンサーが経営する戦《いくさ》マンションが経営破綻」

「ミートボール大学首席ハンバーグがつくるニセ餃子」


このように、まだない言葉や文章が造語です。

ないものを形にするプロは「ギャル」だと思います。

ギャルは新しい言葉や今までにないファッションや文化をつくるクリエイティブ集団です。

世代によっては伝わらない言葉かも知れませんが、「チョガンブ（超顔面ブサイク）」、「ＭＫ５（マジでキレる5秒前）」、「ムカＴＫ（ムカつく）」、「かわちい（語尾を「ちい」にすることでよりかわいさが伝わるようにしている）」などさまざまな造語があり、造語以外に略語や聞き心地のよい言葉のリズムや響きなども取り入れているのが特徴です。

視点でも考え方でも言語化でも困ったら「**ギャルになれ**」で取り組むと新しいなにかが掴めるかもしれません。


また、**たとえることができると言語化の幅が広がります。**

「小説の雪国の冒頭のように一気に景色が変わるよ」

「毎朝の満員電車のようにギュウギュウに詰まった濃厚抹茶アイス」

「まるで信玄餅のきなこのようにこぼれるじゃん」

「家族写真のように肩に手を乗っけてこないでよ」

「獲物をジワジワいたぶるハイエナみたいなキスしてくるね」

万人にイメージが共有できない攻めたたとえもありますが、当たり前にある言葉のように使ったり、名言風な言葉にしたりするのも有効だと思います。

お題

絶対に降りたくない駅の名前を教えてください

回答

明大7個前

ひとくち解説

【造語劇場】（好きな言葉で組み立てる）

ちゃんと駅名をつけてあげてよ！　明大前駅をあまりにも基準にしすぎている。

お題

令和の夏目漱石は「I love you」をこう訳す

回答

スコスコ大学首席ッピ

ひとくち解説

【ギャルになる】（ギャルマインドで言葉を組み立てる）

「月が綺麗ですね」よりも好きが伝わってるような……？

お題

嫌いな人が髪を染めて、自慢してきます
いい感じに傷つけてください

回答

めっちゃいい色じゃん。筑前煮色似合うね〜

ひとくち解説

【たとえる技術】（食べ物を用いてたとえで組み立てる）

似合っていると喜ばせてからの「筑前煮色」、良いダメージのはず。サバみそ色、出汁がしみ込んだおでんの大根色も同系。

チェックポイント

☑ 言語化は「形」にする行動である
☑「伝える」ではなく「伝わる」ように意識する
☑ 自分の感情が動いた言葉を集める
☑「伝わる」ようにするために、要約力を身につける
☑ 文章の正しさよりも「伝わる」を優先
☑ 困ったらギャルになる

お題

毎回遅刻してくる友人に対する
「ストレス発散方法」を
教えてください

回答

そいつのLINEの名前を
「通信制限」にする

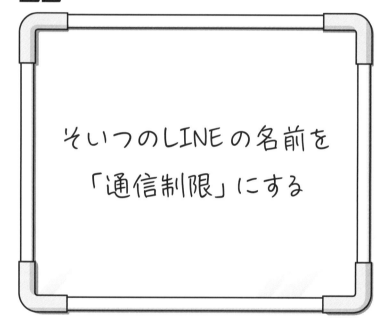

何気ない日常を大喜利で彩る

「お前は意味わからん。なにやってもうまくいかないよ」

「あなたは頑張っている、偉いよ」

このような二つの意見があるとき、人は良い意見よりも悪い意見の方が耳に残りやすいものです。

大喜利は「面白い」かどうかに重きが置かれやすいですが、**大喜利力を身につければ人間関係やビジネス、日常生活でのいやなことに対応できます。**

大喜利を通して、言いたいけど言えないことを発言しやすくしたり、いやなことばかりではなく良い側面も見ることができたりします。

ここからは、悩みを軽くするための大喜利の実践編になります。

自己肯定感を高めながら、「負の感情」に囚われない生きやすさを手に入れましょう。

人生に正解はありません。

正解がないからこそ、自分で考えて少しでも楽しみながら生きるための大喜利をしていきましょう。

視野が変われば、見える世界が変わる。
見える世界が変われば、「今」の意識が変わる。
「今」の意識が変われば、未来が変わる。
もう悩まない、経験があなたを変える。

お題

友人からの「一口ちょ〜だい」を
阻止してください

回答

うん、今度返してね〜

実践
1

「いい人」をやめればうまくいく
人間関係のしんどいから卒業

「いやな人とは関わらなければいいよ」

それができるなら、人間関係で頭を抱えることはないはずです。

「気にしすぎない方がいいよ」

できるならばそうしたいですが、もう頭はパンパン、心はぐったりな状態。

「社交性をもって、相手を理解していけば大丈夫だよ」

もう、言わずもがなです。できるならそうしているから……。


人間関係が良好になれば、生きやすくなることは間違いありませんが、他者を変えながら自分との関係を良くしていくのは非常に難しいといえます。

それならば、自分が変わるしかありません。

しかし、普段から大人しい人が言いにくいことをバシバシと発言したり、いきなり会議を回したりすることはできませんし、そもそもやりたくないと感じる人の方が多いと思います。

心の中がいやなことや言いにくいことで埋め尽くされないように、**思考のスキマをつくることを目的に、頭の中で大喜利**をしてみましょう。

少しでも前向きに、いやなことにのみ込まれないように。嫌いなあいつを、言いにくいことを、頭の中で回答にしてスッキリさせていきます。

次のエピソードは私が実際に味わった以前の職場での人間関係のいやなエピソードです。思い出してもイライラする人でした。

私の会社に転職してきた年上の女性と一緒に働くことになりました。その人は以前、同じ職種に就いていたこともあり、「あたし～前の会社ではこうしてたから！」と何度教えても指示に従ってくれません。そのせいで、上司から「なんで、ちゃんと教えていないんだ」と私が怒られたことがあります。また、その人が自分より先に帰る際に、まだ作業をしている私に近づいてきて、「お疲れさま！さっきから言ってるんですけど！」と耳元で大声で言われたこともあります。他には、その人は趣味で韓国旅行に行くのですが、出社時の「アニョハセヨ～」からはじまり、「疲れたニダ～」、「お昼カムサ～」など、こちらから「韓国どうでしたか？」と質問するまで韓国語を織り交ぜた会話を続けてくることもありました。私は文句をはっきり口に出すのが苦手なこともあり、食べることでストレスを発散するようになります。そして、見る見るうちに10kg、20kgと体重は増えていきました。イライラしたトドメは、その人の「急に太ったね～。太ってきたから邪魔だよん」の一言です。

これを**大喜利のお題にして、頭の中で懲《こ》らしめてみます。**

お題「太ってきたから邪魔だよんい、と言ってきた人に対抗してください」

回答「邪魔できるからうれしいよんい、とダブルピースする」

語尾に「よん」をつけてきたので、こちらも負けじと「よん」で返します。さらに相手を挑発するために、ダブルピースで数字の「よん」を提示しました。ただし、不安点としては相手がこの挑発に気づかない可能性があることです。もしかしたら、ノリノリで相手も「おそろだよんい」とダブルピース返《がえ》ししてくるかもしれません。

お題を変えて、絶対に相手をいやな気持ちにさせていきます。

お題「積極的に旅行の話をしたそうにしてくる人を黙らせる一言」

回答「話聞くので、深呼吸してもいいですか～？」

深呼吸することで、「あなたの話を聞くことはプレッシャーになり、ストレスが溜まる」と暗に知らせています。ただ、これでも相手に気づかれない可能性があります。

どんどん大喜利のお題にして、懲らしめていきます。

お題「指示に従わない年上の後輩にナメられない方法とは？」

回答「辞めさせた後輩の数だけピアス空けてるんっす、もう耳足らないわ」

ナメられないために、後輩を辞めさせた記念としてピアスを空ける風変りな男になりました。やはり困ったときは「威圧」に限ります。これを発言した後に、ピアスのカタログを開き、相手をニヤニヤして見つめます。そして、こちらから「何色が好き？」と聞いたり、肩に触れて「あ～素材は樹脂っぽいな」など相手をピアスにたとえたりして精神的に追い詰めていきます。

このように直接本人や周りに言えないことでも、頭の中で暴れる分には現代の社会では罰せられません。

経験したいやな出来事は変わりませんが、出来事に対しての感情は変えられます。**「今」のマインドを変えることで「過去」の感情を変えていく**のです。

人間関係の悩みを大喜利のお題にして、回答してみましょう。

お題

彼女から「どこが変わった?」と聞かれてわからないときの対処法を教えてください

回答

痩せたことともう一つってこと?

ひとくち解説

【恋愛】
彼女がニヤッと笑みをこぼしそう！　ただし、「痩せてないよ」と言われたら詰みます……。

お題

あまり仲良くない人の結婚式を断ってください

回答

「その日、仲が良い人の結婚式だわ～」

ひとくち解説

【友情】
「私は仲良くないのかな……？」と精神的ダメージを与える。

お題

お父さんとお母さんが大喧嘩　止めてください

回答

「バズるぞ〜」と動画を撮りはじめる

ひとくち解説

【家族】

喧嘩は収まるかも知れないが、二人の怒りの矛先がこっちに向いてしまうぞ！　あと、きっとバズらないよ。

お題

会社の飲み会
お酒を飲むことを
うまく回避してください

回答

「ここのミックスジュース、
めっちゃ人気なんですよ!」
と、お酒から気をそらせる

実践2

ビジネスの毒を解毒する
仕事の不満を溜め込まない

仕事は当たり前のように「理不尽」で溢れています。

他人のミスを自分のせいにされたり、飲み会を断るといやな顔をされたり、なんの意味があるのかわからない業務があったり、さまざまな立場において、いろいろな理不尽さが存在します。

「いやな職場は辞めることが一番。仕事なんていくらでもある」

頭では理解できますが、次はもっと悪くなるかもという恐怖やすぐに次が決まらないかもという不安などがあり、年齢を重ねるほどネガティブな経験が蓄積し、行動力は落ちていくものです。

「今」あなたにできることは**いやな出来事を「お題」にして、面白がる前向きなマインド**をもつことです。

前向きなマインドは、決して明るい人だけの特権ではありません。**大喜利で前向きなマインドを生み出すには、頭の中で沸々と静かに考えることが重要**です。

私の友人が職場で苦しめられたエピソードを紹介します。

その友人が新入社員のときに、会社の飲み会の幹事を任せられました。おじさんの上司から「いい店を探すのも仕事のうちだ。予算は４５００円で。センスが試されるぞ」と、プレッシャーを与えられます。食べログなどでくまなくチェックし、条件に当てはまるお店を見つけ、上司に報告したところ、「そこは前回行ったばっかりだから、ダメ」とやり直しになりました。もう一度お店を探し、報告すると「魚介類は苦手だから避けて」とのこと。改めてお店を探し出し報告すると「タバコを吸える場所で」と言われ、次は「女性社員もいるんだから食べ物がもう少し上品なとこな」とすべて却下され、あげくに「今年の新入社員はセンスねーな」とみんなの前でさらし者にされました。

要求を小出しで刻んでくるなよ、と思いますが、これを「お題」にして前向きにとらえてみます。

お題「飲み会で選んだお店がすべて却下　プラスにとらえてください」

回答「選択権そっちにあると思ってんだ？　へぇ～おもれーじゃん」

逆境に立ち向かうイケイケな主人公で前向きに面白がります。「へぇ～おもれーじゃん」と首を右に傾《かし》げて、人差し指で相手の額をトンっと優しく押します。相手は「もう生意気～！」と頬を赤らめるので、「顔赤いけど熱でもあるんじゃねーか」と相手の額と自分の額をくっつけると、この走り出した恋は止まらなくなるはずです。ただ懸念することは、相手が「おじさん」であるということと、私の友人は男であるということです。それを考慮に入れると、無難なのは、「へぇ〜おもれーじゃん」と首を右に傾げて、右手で相手のこめかみを掴み、地面に頭から叩きつけることになると思います。

お題を変えて、もっと頭の中で沸々と考えてみましょう。

お題「センスねーな、とみんなの前でさら者に。仕返しをしてください」

回答「感謝です！　あなたにセンスない認定されると出世できるらしくて」

みんなの前で注意してくるような上司は必ずプライベートがうまくいっていない自己顕示欲が高いクソ人間です。そのため、「これが噂の出世するジンクスか……」と独り言のように伝えても、相手に届かない確率は高いといえます。自己顕示欲が高いモンスターは「自分は嫌われていない前提」で生きているからです。

ハッキリと「見る目がない人」とレッテルを貼り、逆さらし者にしてやりました。
そして、センスがないと言われてきた先輩たちを味方につけることもできます。
最後は上司のこめかみを掴み、地面に頭から叩きつけてやります。

現実世界は環境を変えない限り、劇的には変わりません。
しかし、自分のとらえ方が変われば視点や思考がずれ、物事を直視しなくて済みます。

結果が変わらなくても、結果のとらえ方が変わるのです。

ビジネスの毒に心を殺されないように、大喜利を用いて視点をずらしましょう。
「ビジネスあるある」をお題に大喜利してみます。

お題

同僚と上司の悪口を言っているときに、その上司が現れました　どうする？

回答

「……とか言っているやついたら許せねーよな」と無理やりつけ足す

ひとくち解説

【苦手上司】

注意点は、気に入られてしまう可能性がある……。

お題

飲み会で永遠に仕事の自慢話をしてくる先輩を黙らせてください

回答

「へぇ～周りの人がすごいんですね」

ひとくち解説

【飲み会】本当にすごい人は自分からアピールしないはず。

お題

会社での飲み会、早く帰る方法とは？

回答

練習してきた乾いた咳をずっとする

ひとくち解説

【飲み会】家で鏡を見て、苦しんで見えるように練習する姿は健気。

お題

名刺交換した人の名前を忘れたときの対処法とは？

回答

「上司に渡したいので、もう一枚いただけませんか？」と名刺に書かれた名前を確認する

ひとくち解説

【取引先】

違和感なく名前を確認できそう！

お題

定価で買った商品がセールに……
自分を納得させてください

回答

売り切れて買えない人も
いるなんて、かわいそう
俺は買えた!!

実践 3

生きるのがつらい　でも、大丈夫！

「あなた」はあなたのままで

「メモやティッシュを入れて洗濯をしてしまった」
「会計をした後に割引クーポンがあることを思い出す」
「資料を見ていたら、紙で手を切ってしまった」

このように日常生活には大きなストレスとはいえないにしても、少しイラっとすることやちょっとだけ悲しくなることがあります。

日常のちょっとしたことも「お題」にして、面白がることで、**「今」を変え、過去の出来事のとらえ方を変える**ことができます。

次の文章は、私の友人から聞いた日常で味わった少し悲しい気分になったエピソードです。

彼が高校時代の話です。中学時代の仲が良い女友達から、「他の高校の友達に一緒にいるところを見られて彼氏って思われたら恥ずかしいから、私の友達がいたらすぐに隠れてね」と言われ、数少ない友達を失いたくない彼は「わかった」と同意しました。一緒に駅のホームを歩いている際に、突然彼女が慌てはじめ、目の前から友人が来ているのだと彼は察します。しかし、そこは駅のホーム。人も少なく、もう逃げ場がない、隠れる場所を……。「ウィーン」。その場しのぎで、彼は慌ててホームにある立ち食いそば屋に入りました。なにもしないわけにもいかず、お腹も空いていないのに一番安いかけそばを食べ、お店を出ると誰もいない静かなホームにゆっくりと沈む夕日が目にも心にも染みたそうです。

これを「お題」にして、大喜利をしてみます。

お題「目の前に会いたくない人が……　バレないでやり過ごす方法とは？」

回答「すごく早く顔を左右にブンブン振り、識別できないようにする」

マンガのように、スピードが速すぎで「み、見えない」という状況を顔だけで実行しました。顔以外の服装や体型でバレたら、今後の付き合いに支障が出ることは間違いない諸刃《もろは》の回答です。そのように考えると、大声で「危ない！　伏せろ」と言い、相手が伏せたところをダッシュで逃げ去るのが良いかもしれません。

お題「沈む夕日が目にも心にも染みる　ポジティブに変換してください」

回答「だけど、昇る太陽が道を照らし、僕らは未来へ走り出す」

人は落ち込んで悲しんで、元気になり前向きになったと思ったら、また……と繰り返す**めんどくさい生き物**です。

いくつになっても新しい毎日は当然のように巡ってきます。**大切なのは「今」**です。過去のしがらみに囚われる今からの脱却、まだ先の未来の不安に駆られる今からの卒業。**あなたがいるのは過去でも未来でもなく「今」**なのです。

お題

ドアノブに服が引っかかり破けたことをポジティブに変換してください

回答

「あぁ～、ヴィンテージ感が出ちゃった」

ひとくち解説

【トラブル】ダメージ加工。そのようなおしゃれと納得させよう。

お題

スーパーのレジの進みが遅い状況をエンジョイしてください

回答

前の人のカゴを見て「３０００円ピタリ賞なるか!?」と勝手にハラハラする

ひとくち解説

【ストレス】
人生楽しんだもん勝ちだ！　日常生活をバラエティ番組みたいにしちゃえ〜。

お題

行列に割り込んできた人をいやな気持ちにさせてください

回答

友達に電話するフリをして「今、割り込んできた人の後ろにいるんだけど」と言う

ひとくち解説

【アンラッキー】
攻撃力を高めていやなやつを脳内でボコボコだ！

チェックポイント

☑ いやなことを大喜利のお題にして頭の中で懲らしめる
☑ 大喜利で過去のとらえ方が変わり、「今」が変わる
☑ 人間関係・ビジネス・日常にも大喜利力は活かせる
☑ 「思考のスキマ」でいやなことにのまれない
☑ 正解はいつも「あなたの中」

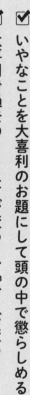

お題

海を知らない人

回答

「知らない中に知っているものがいっぱいいる」

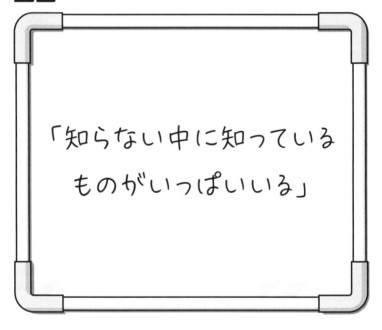

見て↓考えて↓形にした

「今までの大喜利のやり方をすべて捨ててください」

読んできたことはムダだったのか、と握り拳《こぶし》をつくる前に聞いてください。

「知識をもっているだけではなにも変わりません。ただのバカです」

待ってください、メリケンサックを装着する前に聞いてください。

「方法論に固執していては、それ以上にはなり得ません。口だけのクソです」

待ってください、押し入れから釘バットを取り出さないでください。

「マジで頭が沸いている○○だな　この○○に入る言葉を考えてください」

そうです、釘バットとメリケンサックを置いて、大喜利をしましょう。

大喜利は明確な正解がないため、ときには**学んだことを捨てて、自分で考えて**

いくことも大切です。

今までの視点や思考や言語化をベースに面白がりながら、自分だけの答えを探していきましょう。

あなたの答えは本書には書いてありません。

回答は一つの例です。

自分の回答を出してから、どのように導き出したか逆算で考えてみるのも良いと思います。

「面白がる力」で「今」をはみ出しましょう。

「マジで頭が沸いている〇〇だな　この〇〇に入る言葉を考えてください」

回答「お湯」

無難な答えからはみ出す最後の章、問題編スタートです！

お題

結婚式のあるあるを教えてください

回答

呼ばれたことないから
わかりません

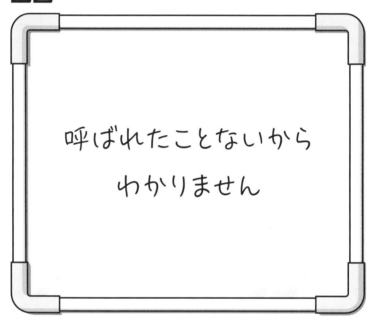

問題 1

解き方の方針
「ひたすら」の前に受け流す

問題編がスタートしていきなり止めてすみません。

お題に挑もうと腕まくりし、猪のように鼻息荒くなっていたらすみません。

「はぁ？ なってねーし。なめんなしー」という人ありがとうございます。

ただひたすらにお題の世界にのめり込む前に、冷静に**「解き方の方針」**を決めましょう。まずお題を真剣に見すぎるのではなく、スカシてみます。

スカシとはお笑いでよく見る人も多いと思いますが、ツッコミを入れるタイミングや話の流れに乗るタイミングで受け流すことです。

当たり前の流れをスルーすることがスカシです。

ここではお題に書いてある「結婚式のあるあるを教える」ルールをスカしてい

ます。頭の中をがむしゃらに掻《か》きむしる前にスカシながら、俯瞰的にお題を見ます。

また、**同じ回答を繰り返す天丼**という手法もあります。由来は諸説あり、とあるコント師が取り調べの設定で、カツ丼ではなくボケで天丼を何度ももってきたという説や、実際に食べる天丼には海老天が2本並んで入っていることとボケを繰り返すことを結びつけた説などがあり、明確ではないようです。

そして、なによりも心にとどめておくことは「**すべる勇気**」です。面白いと思ったことを伝えた際に、冷ややかな視線を向けられることもあります。

傷ついても、傷ついても立ち上がりましょう。

今日も明日も明後日も落ち込んでも、再来年ぐらいにはそのすべった事実を面白がれるかもしれません。

恋愛と一緒です。傷ついても、前の傷を忘れたかのように次の恋をする。

無傷のまま幸せなんて掴めないのです。

お題

苦手な注射を克服する方法を教えてください

回答

僕は元気なので注射はいりません！

ひとくち解説

【スカシ】
本来なら克服する方法を回答すべきところをスルーした。

お題

１日で１００本収録しているグルメレポーターが韓国料理のサムゲタンを食べて一言

回答

「知らない中に知っているものがいっぱいいる」

ひとくち解説

【天丼】

この本に出てきた回答をもう一度使ってみた。

お題

あだ名が「宇宙」のおじさんの特徴とは?

回答

あだ名が「太陽」のおばさんを包み込むようにハグしている

ひとくち解説

【すべる勇気】

読み手の体調によっては良い反応をもらえるはず!

お題

トイレに書いてあった
思わず納得してしまった
落書きとは？

回答

話が長い校長先生は
ピロートークが長い

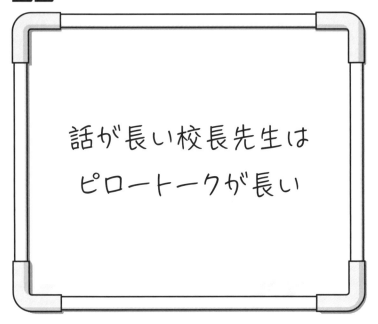

問題２

二つの意味で問題です

賛否でいえば否《ぴ》が多いかも

大喜利をするとモラルの都合で、口には出せない考えが出てくる場合があります。超ド級のエロ思考や顔が歪むようなグロ思考、意味がわからないナンセンス思考など、例を挙げるのも躊躇《ちゅうちょ》するような頭がいっちゃってる考えです。

ときには、このような考えでも回答として形にしてみましょう。

誰かに見せるためではなく、**「自分の考えを形にした」経験をつくるために回答**にします。頭の中の回答ではなく、実際に紙に書き出したり、スマホのメモに書いたりなど、自分で一言一句組み立ててみましょう。

ここでは攻撃的な大喜利の回答と今までのお題でボツになった回答と合わせて「正解がない自分だけの答え」を提示します。

お題

この清純派アイドル「逆だな」なぜそう思った？

回答

全裸でデビューして、徐々に着ていく

ひとくち解説

【絶対に子どもには見せないでください】
古参ファンは「裸を知っているマウンティング」をしてきそう。

お題

全く意味のないダイイングメッセージとは？

回答

血文字で「めちゃくちゃ痛い」と書いてあった

ひとくち解説

【絶対に子どもには見せないでください】
「痛」を書けるならもっと大切な情報を書けたはず……。

お題

9人兄弟で組んでいる野球チームにありそうなこと

回答

監督（父）がマネージャー（母）に10人目をつくらないかと、サインを送っている

ひとくち解説

【絶対に子どもには見せないでください】
まぁ、仲が良いに越したことはないんです……はい。あと監督がマネージャーにサインって送らないよね？

お題

ヒロインがゾンビの恋愛ドラマの最終回でありそうなシーンは？

回答

落ちている手に指輪をはめる

ひとくち解説

【絶対に子どもには見せないでください】

グロいはずなのに、なんか泣いちゃいそうな最終回。そもそも本体はどこへいったんだ？

お題

ジャンプで宇宙に行こうとする息子を引き止めてください

回答

「やめNASAい」「よしNASAい」と注意する

ひとくち解説

【誰か一人にでも伝われば……】

これで止められるのかは定かではない。

お題

「こども部屋おじさん」の亜種を教えてください

回答

第二倉庫三等兵

ひとくち解説

【誰か一人にでも伝われば……】

第三倉庫二等兵かで迷った。そんなの関係ない？

お題

幸せよりもキモいが勝ったプロポーズどんなの？

回答

元カレと元カノが全員集まって「お幸せに」とフラッシュモブをした

ひとくち解説

【誰か一人にでも伝われば……】
元カレ、元カノと友達に戻れる人とは価値観がアレです……。

お題

鬼ごっこハードモードのルールを一つ教えてください

回答

走り出してから誰が鬼か唯一わかる「占い師」という役職がある

ひとくち解説

【誰か一人にでも伝われば……】

人狼と鬼ごっこのハイブリット！　ルールが複雑に。

お題

全然成果が上がらない悪の組織の問題点を教えてください

回答

大幹部ニンニク伯爵が臭すぎてみんなのモチベが下がる

ひとくち解説

【誰か一人にでも伝われば……】

この回答が好きな人とは大親友になれる気がする！

お題

職場にて、エレベーターの中で顔見知りの人と二人きり……気まずくならない方法を教えてください

回答

気さくにワイヤーを切ってみる

ひとくち解説

【成仏させたいボツ大喜利】
気まずくならないどころの騒ぎではないのでＮＧ。

お題

評判が悪い病院、なぜ評判が悪い？

回答

「もうすぐ」という部屋がある

ひとくち解説

【成仏させたいボツ大喜利】
さすがに不謹慎すぎる！　そのためＮＧ。

お題

友人からの「一口ちょ〜だい」を阻止してください

回答

食べ物にくしゃみをして、マーキングしておく

ひとくち解説

【成仏させたいボツ大喜利】
思いついたときは良いと感じたが、想像したら思ったより汚らしいのでＮＧ。

お題

**会社の飲み会
お酒を飲むことを
うまく回避してください**

回答

ひとくち解説

【成仏させたいボツ大喜利】

実践編では「ミックスジュースで気をそらす」という日常で活かせる回答をした。ジョッキを割ることは活かせない！

お題

こんな大喜利はいやだ
どんな大喜利？

回答

小さい魚たちが集まって文字をつくってくれているので、大きな魚が通るたびにお題が変わる

ひとくち解説

【成仏させたいボツ大喜利】

世代によっては、伝わらない可能性があったのでNG。魚が動いて、一生回答できなさそう！

お題 よくわからないけど「危険だ」と思わせてください

回答 非課税パラシュートは着地時に誘い肉離れを引き起こします

ひとくち解説
【成仏させたいボツ大喜利】
みんなで笑いながらつくったが、書籍で伝わるのか不安になった。

チェックポイント

☑ すべる勇気を胸に刻む
☑「面白がる力」で前を向く
☑ 自分だけの答えを見つける
☑ あなたはきっと大丈夫！

「おわりに」を大喜利する

お題 こんな本の「おわりに」はいやだ

回答 本編よりも長い

ブックライティング　福永太郎

回答 QRコードだけが載っており、読み取ると「決算が完了しました」と出て、同じ本がもう1冊届く

イラスト　吉田はるか

回答 －－・－－　－－・　・－・・　・・　・・－・・　・・－（モールス信号でありがとう）

編集協力　バスターフォシノ

回答　「おわりに」のページに食べかけのマカロンがつぶれている

編集協力　ぺろこ

回答　火で炙《あぶ》らないと文字が浮かび上がらないが、代わりに本編は燃える

編集協力　大喜利で人生豊かにしません課

回答　よくよく調べると、監修者も関係者も出版社も存在していない……

企画・編集　大北きょう

回答　「私は今、発売されたこの本を読みながら、おわりにを書いています」と時系列がおかしい

俺スナ

最後まで読んでいただき誠にありがとうございました！

本書があなたの人生の役に立てたならば、こんなにもうれしいことはありません。信玄餅のきな粉をこぼさずに食べられたぐらいに最高です。

お題

この本のタイトルを考えてください

【監修者プロフィール】
俺スナ（おれすな）
大喜利プレイヤー
小学校・中学校のときは登校拒否しがちだったが、大喜利との出会いをきっかけに社交的に。現在は社会人として働きながら、約 15 年間で累計 1000 回以上の大喜利ライブに出演・主催し、札幌や大阪など地方への遠征ライブも積極的に行なっている。フットンダ王決定戦 2024 年ワイルドカード予選会に唯一のアマチュアとして出場。ダイナマイト関西 2016 プレ予選決勝進出、大喜る人たちトーナメント優勝（第 1 回、第 2 回）など受賞歴が多数ある。

頭の回転が速い人の思考法
この本のタイトルを考えてください

2024 年 6 月 24 日　初版発行

監修者　俺スナ
発行者　野村直克
発行所　総合法令出版株式会社
〒 103-0001 東京都中央区日本橋小伝馬町 15-18
EDGE 小伝馬町ビル 9 階
電話　03-5623-5121
印刷・製本　中央精版印刷株式会社

ISBN 978-4-86280-951-3
総合法令出版ホームページ　http://www.horei.com/